URSULA CABERTA
Kindheit bei Scientology

Buch

Nach dem erfolgreichen »Schwarzbuch Scientology« richtet Ursula Caberta mit diesem Buch einen gezielten Blick auf Kinder, die in die Organisation hineingeboren oder durch ihre Eltern früh mit Theorie und Praxis von Scientology konfrontiert werden. Ein erschütterndes Bild entsteht, das aufklären, warnen und motivieren will. Aufklären über Kinderschicksale, die so oder ähnlich in allen Teilen der Welt, in denen Scientology als Organisation präsent ist, geschehen können und geschehen. Warnen davor, dass bei Verharmlosung der ideologischen Ansätze und deren praktischer Umsetzung schleichend die Thesen der Scientology-Organisation immer größeren Raum in unserer Gesellschaft einnehmen. Und dazu motivieren zu erkennen, dass in einer durch Scientology geprägten Welt keine Freiheit des Denkens und Handelns mehr möglich sein kann – weder für Erwachsene noch für die Schwächsten, die Kinder.

Autorin

Ursula Caberta gilt bundesweit als gute Kennerin der internationalen Sektenszene. Sie ist Leiterin der Arbeitsgruppe Scientology bei der Behörde für Inneres in Hamburg.

Im Goldmann Verlag ist von Ursula Caberta außerdem erschienen:

Schwarzbuch Scientology (15546)

Ursula Caberta

Kindheit bei Scientology

GOLDMANN

FSC
Mix
Produktgruppe aus vorbildlich
bewirtschafteten Wäldern und
anderen kontrollierten Herkünften

Zert.-Nr. SGS-COC-1940
www.fsc.org
© 1996 Forest Stewardship Council

Verlagsgruppe Random House FSC-DEU-0100
Das FSC-zertifizierte Papier *Holmen Book Cream* für dieses Buch
liefert Holmen Paper, Hallstavik, Schweden.

1. Auflage
Taschenbuchausgabe April 2010
Wilhelm Goldmann Verlag, München,
in der Verlagsgruppe Random House GmbH
Copyright © der Originalausgabe 2008
by Gütersloher Verlagshaus, Gütersloh,
in der Verlagsgruppe Random House GmbH
Umschlaggestaltung: UNO Werbeagentur, München
GJ · Herstellung: Str.
Druck und Bindung: GGP Media GmbH, Pößneck
Printed in Germany
ISBN: 978-3-442-15595-8

www.goldmann-verlag.de

Inhalt

Einleitung 7

L. Ron Hubbard – Der Philosoph der Philosophen 13
Warum schreit Großvater schon wieder? 16
Die Lehre vom »Thetan« 21
Wer stirbt, bleibt 25
Das »aberrierte« Kleinkind 33
Die Frage aller Fragen: Wo bist du jetzt? 41
Die Vorbereitung auf scientologische »Bildung« 44
Schulische Kommunikationsprobleme 49
Kinder sind wie Handtaschen 55
Konflikt 1 62
Konflikt 2 70
Beruhigungspille Dänemark 78
Wiedersehen in der Freizeit 83
Zarte Bande 86
Mutter ist stolz 91
Vorbilder 99
Der Unterdrücker 109
Wer gehen will, kann gehen 118
Ausstiegsversuch – Beispiel 1 120
Ausstiegsversuch – Beispiel 2 124
Ausstiegsversuch – Beispiel 3 128
Suri & Co. 134
Zielgruppe Kind 139
Der kleine Verfassungsfeind 144
Im Zweifel für das Kindeswohl 151

Literatur 157
Internetquellen 159

Vorbemerkung

Die in diesem Buch geschilderten Schicksale beruhen auf den Erfahrungen der Autorin als Leiterin der Arbeitsgruppe Scientology bei der Behörde für Inneres in Hamburg. Diese Dienststelle fungiert neben dem eigentlichen Aufgabengebiet als in der Aufklärungs- und Öffentlichkeitsarbeit tätige staatliche Stelle sowie als Anlaufstelle für Beratungen von Personen, die Hilfe bei Kontakten mit Scientology benötigen. Insbesondere von ehemaligen Anhängern der Organisation oder Familien, von denen ein Angehöriger in die Fänge der Scientology geraten ist, wird hier Rat und Hilfe gesucht.

Die ausgeführten Begebenheiten, Situationen und Erlebnisse stehen beispielhaft für den Werdegang von Kindern in der Scientology-Organisation, haben sich zum Teil aber im Detail anders als beschrieben ereignet. Die Änderungen waren erforderlich, um die Persönlichkeitsrechte der Betroffenen zu achten, aber auch, um die zu erwartenden rechtlichen Angriffe von Scientology abwehren zu können.

U. C.

Einleitung

Vor einem guten halben Jahr veröffentlichte ich das »Schwarzbuch Scientology«, genau zu einem Zeitpunkt, als die Scientology-Kirche zunehmend wieder in den Fokus der Öffentlichkeit geriet und mehrfach versuchte, das Erscheinen dieses Buches zu verhindern. Doch vergebens.

Immer wieder wurde ich speziell auf die Betroffenheit von Kindern, die in die Organisation hineingeboren werden oder dort aufwachsen müssen, angesprochen. In meinem beruflichen Alltag habe ich gerade in diesem Punkt einen reichen Erfahrungsschatz sammeln können, den ich versuchen möchte, in diesem neuen Buch an Sie weiterzugeben. Schlicht vor dem Hintergrund, weil ich der Überzeugung bin, dass Aufklärung und Information ihren Beitrag leisten und dazu motivieren sollten, sich engagiert und kritisch gegenüber dieser Organisation zu äußern, die von sich behauptet, dass sich in ihrer Lehre religiöse Ansätze finden.

Kinder dieser Welt: Berichte über Schicksale, die sich mit Kindern beschäftigen, erfahren hohe Aufmerksamkeit in unserer Gesellschaft. Wer Kindern etwas antut, der wird gesellschaftlich nicht nur kritisch begleitet, sondern häufig genug geächtet und ausgegrenzt. Kinder zu manipulieren, sie für Zwecke zu benutzen, die sie nicht durchschauen können, oder sie körperlich zu misshandeln, das führt zu Recht regelmäßig auch zu politischen Diskussionen, die in dem Vorsatz enden, den Schutz von Kindern vor Übergriffen aller Art zu verschärfen.

Immer und immer wieder wird auch die Notwendigkeit der frühzeitigen Bildung für Kinder hervorgehoben. Eine Fremdsprache bereits im Kindergarten zu erlernen, viele Kindertagesplätze zu schaffen, um soziales Lernen frühzeitig möglich zu machen, auch für die, die vom Elternhaus her nicht angemessen – warum auch immer – gefördert werden können, dies und Ähnliches wird wohlwollend im Bildungsbereich diskutiert. Wer eine gute Bildung genießt, dem stehen alle Möglichkeiten offen, sich zu einem selbstbestimmten und selbstbewussten Erwachsenen zu entwickeln. Wer so aufwächst, also Chancen bekommt und diese nutzt, kann dieses Wissen an seine Kinder und Kindeskinder weitergeben. So weit, so gut!

Die Tatsache der mangelnden Aufmerksamkeit bis hin zur Leugnung des Problems ist immer dann zu verzeichnen, wenn Kinder oder Jugendliche im Licht der gesellschaftlichen Wahrnehmung unauffällig bleiben. Speziell Kinder von Scientologen scheinen zu »funktionieren«, sehen ordentlich aus, sind freundlich, und auch die Eltern machen einen nach außen getragenen akzeptablen Eindruck. Aufmerksame Nachbarn registrieren vielleicht eine gewisse Zurückgezogenheit der Familie, aber bei Begegnungen im Treppenhaus wird immer freundlich gegrüßt und der häufig überquellende Briefkasten wird auch so regelmäßig geleert, dass keine nachbarschaftlichen Probleme daraus resultieren. Alles unauffällig, alles eigentlich nett. Die Ereignisse hinter der Tür aber werden nicht erkennbar und somit nicht nur von den Nachbarn nicht wahrgenommen, sondern auch darüber hinaus nicht sichtbar – also auch nicht im gesellschaftlichen Kontext als problematisch erkannt.

Nur, wenn ein herangewachsener Mensch sich aus dem System zu lösen versucht und Hilfe benötigt, fällt auf, dass es in der entsprechenden Familie Probleme gibt und gerade die hilflos hineingeborenen Kinder betroffen sind. Häufig wird dies deutlich, wenn Familienmitglieder – oft die Großeltern – sich sorgen und den Staat um Hilfe bitten. Dann können Probleme dieser Kinder und Jugendlichen manchmal auch öffentlich wahrgenommen werden. Allerdings ist ein gesellschaftlich getragener Aufschrei über Einzelschicksale eher selten und schnell wieder verklungen. Die Kinder haben keine sichtbaren Wunden am Körper; eine Misshandlung ist nicht offensichtlich: keine blauen Flecken, keine gebrochenen Rippen. Nur an den Augen könnte man wahrscheinlich, wenn man genau hinsieht, das Leid erahnen. Aber wer schaut schon so genau hin?

Die mental programmierten und in Scientology »funktionierenden« Eltern benehmen sich auch nach außen hin systemkonform und geben sich regelmäßig empört darüber, ihren Kindern Leid angetan zu haben. Sie können nicht anders, da sie die Ideologie des Gründers (L. Ron Hubbard) verinnerlicht haben. Denn sie sind nach den Kurs für Kurs vermittelten Grundlagen »Teil der Organisation«, die die einzige Wahrheit kennt. Somit können sich die Mitglieder bei Einhaltung der Richtlinien nach ihrem Verständnis nur falsch verhalten, wenn sie von diesen abweichen. Zudem sieht Scientology eine Einschaltung staatlicher Stellen zum Wohl von Kindern nicht vor. Im Gegenteil: Sollten Eltern die außerhalb des Systems geltenden Regeln für sich und ihren Nachwuchs anerkennen, würden sie sich schuldig machen und mit Konsequenzen rechnen müssen.

Die Scientology-Organisation vertritt ein ideologisch geprägtes geschlossenes Denkmodell gemäß der These, dass es eigentlich keine Kinder gibt.

> »(…) Ein Kind ist nicht eine besondere Art von Tier, die sich vom Menschen unterscheidet. Ein Kind ist ein Mann oder eine Frau, der oder die nur noch nicht zur vollen Größe herangewachsen ist. Jedes Gesetz, das für das Verhalten von Männern und Frauen gilt, gilt auch für Kinder.«
>
> (Hubbard, Lafayette Ronald: Kinder-Dianetik, Kopenhagen 1983, S. 2)

Die Grundlage der Ideologie von intergalaktischen Kriegsschauplätzen und dem Kampf um Mutter Erde seit Jahrmillionen von Jahren verkündet, dass Geistwesen sich eines menschlichen Körpers bemächtigen. Dieses Geistwesen, den »Thetan«, gilt es zu befreien und damit die Menschheit zu retten. Wenn es um den Kampf gegen das »Böse aus dem Universum« geht, haben liebevolle Zuwendung und ein Eingehen auf die Bedürfnisse von Kindern eher wenig Raum.

Das Kind muss ebenso »funktionieren«, also möglichst schnell mit der Philosophie des Systems vertraut gemacht werden. Es muss wie Erwachsene lernen, dass außerhalb seiner Welt alles schlecht ist, nach dem Motto: Alles, was nicht mit uns ist, ist gegen uns, und muss entweder dazu gebracht werden, wie wir zu denken, oder bekämpft werden.

Die Auswirkungen eines solchen Gehirntrainings sind schon bei Erwachsenen schwer von außen wahrzunehmen bzw. als Gefahr zu erkennen, geschweige denn bei Kindern, die keine Chance haben, sich ihm zu entziehen.

Jedoch muss man die Möglichkeiten des Scientology-Systems auch aus einem anderen Blickwinkel betrachten: Stillschweigendes Akzeptieren oder auch nur Ignorieren dessen, was sich mitten in der Gesellschaft an Parallelwelten entwickelt, gekoppelt mit seinem eigenen Anspruch an Erziehung und Bildung, kann verheerende Folgen haben. Sollte es den Scientologen gelingen, den ideologischen Grundsätzen eines L. Ron Hubbard so viel Raum zu geben, dass mentale Programmierung von Kindern als eine akzeptable alternative Erziehungsmethode etabliert wird, dann – spätestens dann – hat die gefährliche Organisation ein kaum noch umkehrbares großes Ziel in der Übernahme gesellschaftlicher Entwicklungen erreicht.

Dieses Buch soll aufklären, warnen und motivieren.

Aufklären über die Schicksale von Kindern, die so oder ähnlich, wie in diesem Buch geschildert, in allen Teilen der Welt, in denen Scientology als Organisation präsent ist, geschehen können und geschehen.
Warnen davor, dass bei weiterer Verharmlosung der ideologischen Ansätze und der praktischen Umsetzung durch die Hubbard-Nachfolger schleichend die menschenverachtenden Thesen immer weiter Raum einnehmen.
Und dazu *motivieren* zu erkennen, dass in einer solchen Welt keine Freiheit des Denkens und Handelns mehr möglich ist. Weder für Erwachsene, noch für die Schwächsten, die Kinder.

Anhand der fiktiven Person Edwin berichte ich von den mir bekannten verschiedensten Schicksalen von Menschen, deren Lebensgeschichten sich genau so oder ähnlich tatsächlich in der Scientology-Welt abgespielt haben oder abspielen können.

Um verständlich zu machen, warum bestimmtes Verhalten vorkommt, habe ich auch versucht, die Denk- und Handlungsweise der Eltern und des familiären Umfeldes beispielhaft aufzuzeigen. Bisher ist es leider nur einer Minderheit von Personen, die schon als Kinder mit Scientology in Berührung kamen, gelungen, die Organisation zu verlassen. Doch es gibt Beispiele, die Hoffnung machen. Eine wichtige Basis für einen gelingenden Ausstieg ist es, dass die Umwelt begreift, in welcher Parallelwelt diese Menschen aufgewachsen sind, und sich ein Bild davon macht, warum und wie intern agiert wird.

Vergessen werden darf nie, dass Schicksale von Kindern überall in der Welt, wo Scientology gegenwärtig ist, so geschehen können, vielleicht schon um die Ecke in Ihrer eigenen Stadt.

Ursula Caberta, im März 2008

L. Ron Hubbard – Der Philosoph der Philosophen

Das Schicksal von Kindern in der Scientology-Organisation wird bestimmt durch eine Theorie, besser: durch eine Ideologie, deren Grundsatz auf den Gründer L. Ron Hubbard (geboren 1911, gestorben 1986) zurückgeht.

Das »Scientology-Volk« selbst feiert – nicht zuletzt, um auch eine gewisse Überzeugungsarbeit für die Außenwelt zu leisten – diesen Menschen als jemanden, der *alles* weiß, als denjenigen, der die entscheidende Philosophie entwickelt hat, den einzelnen Menschen zu befreien und die gesamte Menschheit von allen Leiden zu retten.

Dass er selbst von sich – vorsichtig formuliert – sehr überzeugt war, machen seine Ausführungen in vielfachen Veröffentlichungen mehr als deutlich.
Unter der Überschrift »Excalibur« schreibt L. Ron Hubbard unter anderem:

> »Angenommen, die ganze Weisheit der Welt würde auf eine Zeile reduziert werden, angenommen, dass diese Zeile heute geschrieben würde und Ihnen gegeben würde, Sie könnten mit ihr die Grundlage allen Lebens und Bestrebens verstehen. Liebe, Politik, Krieg, Freundschaft, Kriminalität, Geisteskrankheit, Geschichte, Geschäftsleben, Religion, Könige, Katzen, Gesellschaft, Kunst, Mythologie, Ihre Kinder, Kommunismus, Bankiers, Seeleute, Tiger und endlos viele andere Dinge. (…) Es gibt eine Zeile, die aus dem Morast der Tatsachen hervorgezaubert wurde und als eine zusammengefasste Einheit zur Verfügung gestellt wurde, um diese Dinge zu erklären. Die Zeile ist die Philosophie

der Philosophien, die damit das gesamte Gebiet zurück zur einfachen und bescheidenen Wahrheit bringt.
Alles Leben wird durch einen Befehl und nur einen einzigen Befehl geleitet: ÜBERLEBE! *(Hervorhebung im Original, d. Verf.)*

(Lafayette Ron Hubbard Library [Hrsg.]: Ron, der Philosoph, 1996, S. 12)

Hubbards philosophischen Erkenntnisse lassen sich im Prinzip so kurz zusammenfassen. Was sich allerdings daraus nicht erschließt, ist das, was den einzelnen Menschen in der Organisation erwartet. Um dieses kurze »Überleben« zu erleben, sind zeitaufwändige und teure Kurse und Folgekurse zu belegen und ist eine Fülle von Büchern zu lesen. Bis hin zum so genannten »Auditing«, das die Erkenntnisse des Erlebten und Überlebten dem Einzelnen erst erschließt und damit vorgegeben ist. Es gibt nur *einen* Weg, die Vorgabe »überlebe« zu erfüllen, kein Abweichen ist statthaft, keine anderen Ideen sollen den persönlichen Weg begleiten. Was das im Einzelnen heißen kann, ist schon verschiedentlich dokumentiert und vor allem auch von ehemaligen Scientologinnen und Scientologen berichtet worden. Die Umsetzung dieses so kleinen Satzes hat also fatale Folgen: Die Selbsteinschätzung des Herrn Hubbard und die daraus abgeleitete Lebensphilosophie – wenn man es denn so nennen möchte – übertragen sich quasi auf seine Anhänger.

Das Verhängnisvolle ist weiterhin, dass sich diese Denkweise und das daraus abgeleitete Handeln wiederum auf die von Scientologinnen und Scientologen zu erziehenden Kinder übertragen. Von Generation zu Generation sollen damit die von Hubbard kreierten, allein glücklich machenden Ideen weitergegeben werden.

Bei der Theorie bzw. Ideologie bleibt es dann auch nicht. Hubbard hat nicht etwa seine »Erkenntnisse«, »Forschungsergebnisse« und »Philosophien« zur Diskussion gestellt und damit einer kritischen Betrachtung überlassen. Nein, seine Lebenssicht, seine Sprache, seine Technologie sind bewiesen und damit unerschütterlich. Sie entziehen sich jeder Diskussion und bedürfen keiner Bestätigung.

> »Der zweite Grundsatz meiner Philosophie ist, dass sie anwendbar sein muss. (…) Kenne dich selbst und die Wahrheit wird dich frei machen.«
>
> (Lafayette Ron Hubbard Library [Hrsg.]: Ron, der Philosoph, 1996, S. 82)

Die daraus abgeleitete Lebensweise ist ebenso unerschütterlich wie die Theorie.

Und dieser Weg der angeblichen Freiheit führt in ein unfreies System mit Kontrolle und Anweisungen, die keinerlei Entwicklung außerhalb ermöglichen. Ein vorgegebener Weg also, ohne nach links oder rechts schauen zu dürfen. Heranwachsen in einer freien Gesellschaft sieht anders aus.

Warum schreit Großvater schon wieder?

Die junge Frau schiebt einen Kinderwagen vor sich her. Etwas gehetzt kommt sie vor einem alten Haus in einer Seitenstraße in der Nähe ihres eigentlichen Zieles an. Sie nimmt ihr Baby auf den Arm und geht die vier Stockwerke hinauf zu einer Wohnung. Ein etwas verschlafener junger Mann öffnet ihr die Tür. Die Frau übergibt ihm das Kleine und hetzt die Treppe wieder hinunter, beeilt sich, läuft schnell um die Häuserecken, bis sie schließlich dort ankommt, wo sie hin möchte: in die örtliche Scientology-Zentrale.

Ein strafender Blick der im Vorraum anwesenden Personen erzeugt bei ihr sofort ein schlechtes Gewissen. Ist sie zu spät? Nein, ein Blick auf die Uhr zeigt, sie ist absolut in der Zeit. Bevor sie weiter überlegen kann, bekommt sie die Weisung, zum »Fallüberwacher« zu gehen. Sie zuckt innerlich zusammen, eigentlich war sie heute gleich zum »Bodyrouten« eingeteilt, nun das ...

In einem kleinen Raum wartet die Person der Organisation, die für sie, für ihren »Fall«, zuständig ist. Der Mann hat ihre Akte auf dem Schreibtisch und blättert darin. Er ist besagter »Fallüberwacher« und lächelt sie wie immer an, dann erhält sie ein weiteres Kommando. Er eröffnet ihr, dass sie bis zum kommenden Donnerstag noch ihren »PTS/SP-Kurs« abzuschließen hat. Sie nickt betreten und wird in ihren Job entlassen.

Die Frau erhält die zu verteilenden Flyer und geht auf die Straße, um Menschen anzusprechen und für Scientology zu werben.

Sie wird nervös, denn ihre persönliche »Erfolgs-Statistik«, nach der auch ihr Einkommen berechnet wird, ist nicht gerade glänzend. Sie hat in dieser Woche erst zwei Personen überreden können, in das Gebäude von Scientology zu gehen, und nur eine Person hat ein Buch gekauft, keinen Kurs, keine weitere Hoffnung auf mehr Einkommen. Ihr schießt durch den Kopf, dass der »Registrar« es wohl nicht geschafft hat, mehr klarzumachen. Nicht einmal den »Persönlichkeitstest« hat diese Person hingekriegt. Ärger steigt in ihr hoch.

Sie ist den ganzen Tag mit sich beschäftigt, ganz besonders mit der immer wiederkehrenden Angst, ihre Statistik nicht erhöhen zu können. Der PTS/SP-Kurs, in dem sie erkennen soll, welche »Hindernisse« es bei ihr oder in ihrem Umfeld gibt, die sie selbst am Fortkommen im System hindern und damit eine weitere Verbreitung der Scientology-Einheit in ihrer Stadt hemmen, bereitet ihr zusätzlichen Stress. Denn sie hat – trainiert durch Scientologen – bereits erkannt, wer sie behindert, wer quasi der »Übeltäter« ist: Es soll ihre eigene Mutter sein. Hatte sie sich nicht sicher gefühlt, ihre Mutter »im Griff«, also scientologisch gehandhabt zu haben – nun diese Erkenntnis ... Ihr ist schlagartig klar, dass etwas passieren muss, um endlich die erhofften Fortschritte zu machen.

Spät am Abend, für ein acht Monate altes Baby viel zu spät, holt sie ihren kleinen Sohn Edwin ab, es ist nach 23 Uhr. Sie bemerkt nicht einmal seine nassen Windeln. Aber er weint, nicht laut, es ist eher ein Wimmern.

Zu Hause angekommen, legt sie ihr Baby trocken, bereitet die Flasche mit dem Gerstensaft vor. Das Rezept nach Hubbard liegt immer bereit, damit die Zutaten stimmen. Gedanken darüber, ob dieses eine babygerechte Nahrung ist, macht sie sich nicht. Warum auch, sie hält sich an die Empfehlungen, und die können gar nicht falsch sein.

Der Kleine kommt ins Bett. Sie selbst ist auch todmüde. Ihr Mann kommt nach Hause, spät wie immer, als sie schon fast eingeschlafen ist. Auch er ist natürlich ein aktiver Scientologe, alles andere wäre ein Problem. Kein Gespräch, keine Geste der Zuneigung – beide sind müde und wahrscheinlich mit ihren Gedanken beschäftigt, was sie heute für ihre Gruppe auf der so genannten »Dritten Dynamik« Positives erreicht haben. Da spielt es keine Rolle, dass nach kurzer Zeit der kleine Sohn wieder anfängt zu weinen.

Doch er hört nicht auf. Aus dem Wimmern wird lautes Schreien. Die junge Mutter wacht aus ihrem ersten tiefen Schlaf auf, hört das Kind, bleibt liegen und wartet. In ihrem Kopf gehen die Überlegungen hin und her. Warum schreit Edwin? Er will sie bestrafen. Natürlich. Mit einem Mal ist ihr klar, was diese und die vorherigen Nächte passiert ist. Sie hat auf ihrer »Zeitspur« noch ungeklärte Situationen mit dem kleinen Edwin ... Ist er ebenso ein »Hindernis« wie ihre Mutter? Sie fühlt sich bei dieser Erkenntnis erleichtert und wird dieses morgen in der »Org« (interne Bezeichnung für die so genannten Kirchen in der Scientology) versuchen zu klären. Beruhigt schläft sie wieder ein und das Baby irgendwann auch – vom Schreien völlig erschöpft.

Die Situation wiederholt sich Nacht für Nacht, doch die junge Mutter hat noch immer keine Erklärung dafür, warum der kleine Edwin sie derart bestraft.

Doch dann, eines Morgens, fragt ihr Mann, der immerhin der Vater des kleinen Edwin ist, in vorwurfsvollem Ton, was denn los sei. Jede Nacht dieses Geschrei! Die junge Frau, die an den anderen Tagen eher genervt irgendetwas erwidert hätte, lächelt ihn nun an – und in sich hinein … Denn ihr Mann ahnt ja nicht, was sie selbst seit gestern weiß, und darüber reden darf sie mit ihm nicht.

Denn Erkenntnisse auf der persönlichen »Zeitspur«, die bei den »Auditing-Sitzungen« erforscht werden, sind nicht für andere bestimmt. Diese Erkenntnis ist eine Sache zwischen ihr und ihrem Großvater. Das ist das für sie nun alles erklärende Ergebnis der Sitzungen am »Hubbard E-Meter«. Den Großvater hat sie zwar nie richtig kennen gelernt, denn er starb kurz nachdem sie geboren wurde, aber das zählt nicht. Wichtig ist, dass sie endlich eine Erklärung dafür hat, was sie auf ihrer Spur, auf ihrem Weg im Leben mit Scientology, u. a. belastet hat. Sie weiß es jetzt, und sie ist sich sicher, denn was das »E-Meter« zeigt, kann nur die Wahrheit sein. Alle Scientologen sind von diesem Gerät und seinen Fähigkeiten fest überzeugt.

So hat die junge Frau erfahren, dass sie als Baby im Verhältnis zu ihrem Großvater Probleme aufgebaut hat. Was das auch immer gewesen sein mag, ist unwichtig, denn nun wird sie die Gelegenheit haben, alles wieder gut zu machen und alle Probleme, die daraus für sie entstanden sein mögen, zu regeln. Das Ergebnis der Sitzung war eindeutig und überzeugend: Der »Thetan« ihres Großvaters, das geistige Wesen, das laut Scientology-Lehren in jedem Körper wohnt und belastet ist, rebelliert im kleinen Edwin, denn es ist der »Thetan« des verstorbenen Großvaters, der den Weg in das kleine Baby gefunden hat.

Für die scientologisch denkende junge Mutter ist klar, dass, wenn sie bei weiteren Sitzungen die Probleme mit dem Großvater klärt, Edwin aufhört zu weinen. Welche Erlösung und welche Möglichkeiten für sie ... An diesem Tag verspürt sie schon Erleichterung darüber, dass sie die Ernährung des Babys über die Anweisungen nach Hubbard regeln kann. Der Gedanke, ihren alten Großvater stillen zu sollen, wäre ihr unangenehm, ja sogar etwas eklig. Aber darüber spricht sie natürlich nicht. Und der kleine Edwin wird von ihr nie erfahren, dass er eigentlich der Großvater seiner Mutter ist.

Die Lehre vom »Thetan«

Um das Denken und Verhalten der jungen Mutter des kleinen Edwin einordnen zu können, ist die Kenntnis über die Hubbard'schen Lehrgebäude elementar. Immer wieder muss deutlich gemacht werden, dass Menschen sich im System Scientology verändern und Verhaltensweisen annehmen, die von außen anfänglich nicht erkennbar sind, die aber das Leben irgendwann einzig und allein prägen. Das gilt dann natürlich auch für den Umgang mit Kindern und das Handeln der Erziehungsberechtigten, das sich auf das heranwachsende Kind überträgt. Auch das Kind wird Schritt für Schritt in dieses Denkmuster eingeführt und dann entsprechend handeln.

Der hochstilisierte Gründer der Organisation, L. Ron Hubbard, hat von Beginn an sein Lehrgebäude an der von ihm angeblich erforschten »geistigen Gesundheit« ausgerichtet. Er meinte, erkannt zu haben, dass alle Menschen nach eben dieser »geistigen Gesundheit« streben. Was er darunter verstanden wissen wollte, das ist zu erlernen, zu verinnerlichen und schlussendlich leider auch praktisch umzusetzen.

Gewiss hat sich die Mutter des kleinen Edwin von falschen Versprechungen anlocken lassen. Vielleicht ist ihr irgendwann das Buch »Dianetik« in die Hände gefallen. Die Angebote und Aussagen dieses Buches sind gekoppelt an entsprechende Umsetzungen in einem »Dianetik-Zentrum« und sollen dazu anleiten, den Verstand so zu trainieren, dass man zu immer höheren Leistungen fähig ist. Es ist der Lockruf einer maximal zu erreichenden Intelligenz und damit der Möglichkeit, mit allen kleinen erkennbaren Unzulänglichkeiten, die ein Fortkommen im System verhindern, fertig zu werden.

In der Dianetik wird dieser Grundstein für das Denken und Handeln von Scientologinnen und Scientologen durchgängig vermittelt. Es ist einer der Bausteine, die Menschen zur Scientology rufen. Nach diesen zu verinnerlichenden Vorgaben hat der Verstand eines Menschen zwei Teile: einen reaktiven und einen analytischen.

Der analytische Teil ist derjenige, der zu aktivieren und von störenden Elementen, die sich im reaktiven Teil des Gehirns quasi abgelagert haben, zu befreien ist. Diese störenden »Ablagerungen« nennt man in der Organisation »Engramme«. Engramme sollen bei Menschen immer dann entstanden sein, wenn sich der Verstand im bewusstlosen Zustand befand. Erst nach »Löschung« der gesamten störenden Elemente sind das Gehirn und der dort angesiedelte Verstand in der Lage, Großes zu vollbringen oder auch nur, mit den Widrigkeiten, Problemen und Problemchen des täglichen Lebens fertig zu werden.

Sind alle »Reparaturmaßnahmen« mit Hilfe der Angebote der Dianetik behoben, und ist der Kopf sozusagen »engrammfrei«, hat ein Scientologe den Status »Clear« erreicht. Damit verbunden wird verkündet, dass spätestens zu diesem Zeitpunkt die Verursacher von Krankheiten oder von Hindernissen, die von hohen intellektuellen Fähigkeiten abhalten, ausgemerzt sind. Keine »Aberrationen«, so die entsprechende Wortschöpfung, hindern dann den Menschen mehr daran, das zu erreichen, was er für möglich hält.

Die Grundlagen der »dianetischen Forschung« finden dann in der Scientology-Lehre ihre Fortsetzung. Dabei handelt es sich quasi um die Analyse des menschlichen Daseins im Ganzen. Den Erkenntnissen Hubbards entsprechend besteht der Mensch aus drei Teilen: dem Körper, dem Verstand und einer Art geistigem Wesen, dem »Thetan«. Dieser »Thetan« ist nun genau der Teil Mensch, der das Individuum ausmacht und sich deshalb der besonderen Aufmerksamkeit gewiss sein kann. Denn dieser Thetanteil ist der von allen Hindernissen zu befreiende, da nur dieser, so Scientology, das einzig wahre Ich darstellt. Das Besondere des »Thetan« ist außerdem, dass er sich nach vielen teuren Kursen, Seminaren und »Auditings« (Befragungsverfahren am Hubbard-E-Meter) irgendwann vom Rest des Menschen lösen kann. Er kann sich als Geistwesen außerkörperlich bewegen und ist in der Lage, sich bei dem Tod eines Menschen einen neuen Ort (Mensch) zu suchen.

Warum also sollte der »Thetan« nicht in den verstorbenen Urgroßvater einziehen? Sarkastisch formuliert war dieser »Thetan« vermutlich unwissend, dass die Mutter mit ihrem Großvater und damit nun mit dem »Thetan« im eigenen kleinen Sohn Schwierigkeiten bekommt.

Das mag auf den ersten Blick konfus und schwer nachvollziehbar klingen, doch der Kampf um die Befreiung des »Thetan« ist von außen betrachtet ein abstruses Konstrukt. Den einzelnen Menschen innerhalb der Organisation wird dieses »Wissen« erst nach und nach vermittelt, und es ist durchaus denkbar, dass einige aktive langjährige Mitglieder die Tragweite des Ganzen selbst nur schwer oder gar nicht verstehen. Doch auch das gehört zum System.

Vielleicht hilft es, sich die Definition des Verstandes in der Dianetik und bei Scientology als eine Art Computer vorzustellen. Der Apparat muss funktionieren, Fehler müssen gelöscht werden oder möglichst so repariert werden, dass einmal aufgetretene Probleme nicht wieder auftauchen. Man löscht Störendes oder nicht mehr Benötigtes einfach von der Festplatte. Solche Löschvorgänge – die durch entsprechende Übungen und Verfahren auf das Gehirn eines Menschen übertragen werden, damit er »funktioniert« – bezeichnen die härtesten Kritiker der Scientology mit dem Begriff »Gehirnwäsche«.

Die Umsetzung dieser Löschverfahren heißen in der Dianetik und der Scientology »Prozessing«. Da jedes menschliche Wesen, und sei es noch so klein, nach der Lehre den zweigeteilten Verstand hat und aus den genannten drei Teilen besteht, ist auch bei den Kleinsten bereits »Prozessing« erforderlich. Entsprechend setzt die scientologisch funktionierende junge Mutter ihren Sprössling diesen »Prozessen« aus. Zu ihrer Verteidigung kann eigentlich nur angeführt werden, dass sie aufgrund der an sich selbst durchgeführten »Löschvorgänge des Verstandes« nicht mehr in der Lage ist, die Dimension und Auswirkungen auf ihren kleinen Sohn zu überblicken.

Wer stirbt, bleibt

Kinder träumen manchmal schlecht. Nicht selten wachen sie nachts davon auf. Jede Mutter und jeder Vater kennt wohl diese Situation, dass ihr Kind irgendwann nachts ins elterliche Bett krabbeln möchte, weil ein Traum es nicht wieder einschlafen lässt. Kinder möchten sich bei Mutter und Vater ankuscheln, sehnen sich nach Geborgenheit, nach Sicherheit und wollen dadurch die Gespenster des Traumes loswerden. Manchmal plappern sie auch drauf los, um die Bilder zu verscheuchen, die ihnen den Schlaf geraubt haben.

Auch Edwin hat in seinem späteren Leben häufig schlecht geschlafen, obwohl er oft so müde war, wenn er mit seiner Mutter spätnachts aus der Scientology-Einrichtung nach Hause kam. Es gab eine Zeit, da schreckte er immer öfter auf und konnte nicht mehr einschlafen. Wann das genau angefangen hatte, weiß er nicht mehr und macht sich auch keine Gedanken. Darüber zu sprechen oder gar zu seinen Eltern zu gehen, auf diese Idee kommt er schon lange nicht mehr. Er weiß, dass er allein verantwortlich dafür ist, was mit ihm passiert. Und da ist es auch egal, wie alt er ist, ob acht oder zehn Jahre oder älter. »Wahr ist für dich nur das, was du für wahr erkennst«, so eine der Aussagen Hubbards. Edwin weiß das inzwischen sehr genau.

Die Träume, die ihn nachts aufschrecken lassen, kreisen immer um ein Thema, den Tod. Immer und immer wieder quälen ihn Bilder, in denen sich sein Körper auflöst bzw. er seinen Körper sieht und selbst nicht weiß, wo er ist. Immer dann, wenn sein ausgelöster Teil sich irgendwo bewegt, schreckt er hoch. Er träumt von rumpelnden Gegenständen, die er mit sich herumschleppt, fühlt sich in Ketten gebunden. Manchmal bekommt er keine Luft, weil – so scheint es ihm – etwas Starkes auf seinen Oberkörper drückt. Er hat manchmal schon richtig Angst vor dem Einschlafen, und ihm ist auch schon passiert, dass er aufwacht und ins Bett gemacht hatte. Doch Edwin hat verinnerlicht, dass es nur an ihm liegt, an ihm allein, wenn so etwas passiert. Und so wälzt er sich in seinem Bett, hat Angst vor dem Schlafen, es quält ihn, und er kann nicht darüber sprechen.

Der Tod ist in der Scientology-Organisation ein besonderes Thema. Im Kapitel »Das Phänomen des Todes« stellt Hubbard gleich zu Beginn mit verblüffender Klarheit fest:

> »Erst in der Scientology ist der Mechanismus des Todes gründlich verstanden worden. Bis dahin zählte der Mensch das ganze Gebiet des Todes zu den eher mysteriösen Gebieten. Tatsächlich sind wir die ersten, die sehr viel über den Tod wissen. Dies ist einer der größeren Gewinne der Scientology.«
>
> (Hubbard, Lafayette Ronald: Haben Sie vor diesem Leben gelebt?, Kopenhagen 1979, S. 39)

Der immer wieder zu hörende Vergleich, es handle sich bei Scientology um eine »Religionsgemeinschaft«, da auch hier die Auffassung vertreten werde, der Mensch besitze nur *eine* Seele, ist nicht korrekt. Denn der Begriff »Seele« taucht bei Scientology nicht auf. In vielen Schriften wird die Thetan-Theorie gleichgesetzt mit der Seele. In weiteren Schriften wird auf Wiedergeburtstheorien anderer Religionsgemeinschaften Bezug genommen. Allerdings, und das ist bei der Scientology-

Organisation auch nicht anders zu erwarten, ist nur dort »die wahre Theorie« über den Tod zu erhalten. Da diese Haltung auch als gefestigtes »Wissen« in die Köpfe der Mitglieder transportiert wird, ist es nicht verwunderlich, dass es Menschen gibt, die keinen Schlaf darüber finden. Aussagen wie:

> »Erst wenn Sie ein paarmal tot gewesen sind, können Sie verstehen, wie bestürzend dies sein kann!«
>
> (Hubbard, Lafayette Ronald: Haben Sie vor diesem Leben gelebt?, Kopenhagen 1979, S. 45)

machen den Umgang mit diesem Thema nicht einfacher.

Die Sprachlosigkeit des kleinen Jungen den Eltern oder anderen Personen gegenüber ist nicht zuletzt dadurch hervorgerufen, dass der »Auditor«, der mit ihm Stunden über Stunden am »Hubbard-E-Meter« verbringt, einen nicht unerheblichen Einfluss auf ihn hat. Dieser Mensch zeichnet verantwortlich dafür, dass der Junge die Begriffe und die vielleicht aus der nicht-scientologischen Welt erzählten Geschichten in seinem als Scientologen zu funktionierenden kleinen Kopf zusammenfügt.

Unter anderem in dem Buch »Kinder-Dianetik« wird dieses in verschiedenen Kapiteln sehr deutlich. Zu den klärenden Wahrnehmungen im Sinn der Erziehung nach Scientology spielt natürlich bei der Bedeutung der Lehre auch der Tod eine Rolle. Keine »falschen« Vorstellungen können zugelassen werden.

»In einer Hinsicht kann der Auditor eine sehr wichtige Funktion in der Erziehung des Kindes erfüllen. Ein Kind ist fast immer über seine Umwelt verwirrt; größtenteils wegen der Bezeichnungen, mit denen Erwachsene die Gegenstände versehen haben und dabei nicht verstehen, welche ernsten Folgen das falsche Bezeichnen eines Gegenstandes für ein Kind hat. *(Zur Erinnerung: Eltern und die Umgebung des Kindes werden die Sprache sprechen, die sie gelernt haben, bei Hubbard wird das Erlernen der eigenen Sprache zu ›falschen Bezeichnungen‹ führen, die das Kind verwirren, d. Verf.)* Nehmen Sie den Fall eines Kindes, das bisher keine Daten *(scientologisch u. a. für Informationen, d. Verf.)* über den Tod erhalten hat und dem das Gedicht über kleine Zinnsoldaten und Engel mit goldenen Haaren vorgelesen wird. Wenn dies sein erstes falsches Symbolverständnis des Wortes »Tod« ist, dann muss es für das Kind verwirrend, sehr verwirrend sein zu beobachten, wie Erwachsene in Wirklichkeit reagieren, wenn sich ein Todesfall ereignet. Der Eindruck, der durch diese erste falsche Vorstellung über die Bedeutung des Wortes ›Tod‹ entsteht, muss auf irgendeine Weise ausgelöscht werden, bevor dem Kind irgendeine Kommunikation zu diesem Thema korrekt vermittelt werden kann.«

(Hubbard, Lafayette Ronald: Kinder-Dianetik, Kopenhagen 1983, S. 75)

»Auslöschen«, da taucht es wieder auf, das Wort, das für die »Auditing-Sitzungen« prägend ist. »Gelerntes auslöschen«: Es ist immer falsch, wenn es nicht in die Vorstellungen der Ideologie passt. Dafür ist der »Auditor« zuständig, und es wird gelöscht, was Klein-Edwin eventuell durch andere Personen wahrgenommen hat – mit den entsprechenden Folgen für sein Wohlbefinden.

Die rumpelnden Gegenstände, die Edwin in seinen Träumen belasten, können daher rühren, dass auch er in den »Auditing-Sitzungen« einiges über sich und die Zeitspur seines »Thetan« erfahren hat, sodass von ihm die folgenden Schilderungen des L. Ron Hubbard in seiner als »wissenschaftlich« gekennzeichneten Abhandlung zu Tod und früheren Leben als wahrhaftig übernommen werden. Hubbard schreibt:

> »Was geschieht mit einem Menschen, wenn er stirbt? Im Grund geschieht nichts weiter als eine Trennung zwischen dem Thetan und dem Körper. Der Thetan aber nimmt alte Blechbüchsen, rasselnde Ketten, Krimskrams und andere Engergieprobleme mit sich, von denen er glaubt, er könne ohne sie nicht auskommen, und hortet sie im nächsten Körper, den er sich nimmt. In dieser faulen Zeit der maschinell gefertigten Produkte und Apparate baut er sich keinen neuen Körper. Er nimmt sich einen Körper, der nach einem bestimmten Muster hergestellt wird, das von den frühesten Zeiten des Lebens auf diesem Planeten an bis heute verwendet worden ist. (…) Der eigene Wille einer Person hat sehr viel damit zu tun. Man sollte nicht nach äußeren Quellen suchen, um herauszufinden, warum die eigene Erinnerung abgesperrt ist. Genauso wie die Person die Erlaubnis dazu geben muss, gefangen zu werden, so muss sie auch die Erlaubnis dazu geben, dass man sie dazu bringt, sich zu erinnern.«
>
> (Hubbard, Lafayette Ronald: Haben Sie vor diesem Leben gelebt?, Kopenhagen 1979, S. 42ff.)

Diese Schritt-für-Schritt, Auditing-Sitzung für Auditing-Sitzung erlangten »Erkenntnisse« über die Erfahrungen des »Thetan«, der sich – aus welchem Grund auch immer – nun ausgerechnet den Körper von Edwin gegriffen hat, können nun den Kopf des kleinen Jungen schwer belasten und für seine nächtlichen Probleme verantwortlich sein. Schließlich kann man auf dem Weg der Erforschung seiner persönlichen Zeitspur (time-track), oder vielmehr der Zeitspur des in einem selbst befindlichen »Thetan«, die laut »Forschungen« von Hubbard Millionen von Jahren zurückgehen kann, auch auf schreckliche Erlebnisse stoßen. Diese können mit hoher Wahrscheinlichkeit durchaus Schlafstörungen hervorrufen.

> »Dass Leute in der Nacht aufwachen und sich bewusst werden, dass jemand eines gewaltsamen Todes gestorben ist, geschieht wegen des Ausmaßes an Verwirrung, in die ein Wesen hineingestürzt wird, wenn sein Körper getötet wird. Wenn jemand plötzlich gewaltsam getötet wird und sehr überrascht über die ganze Sache ist, ist er genügend bestürzt darüber und keineswegs gelassen, so dass er herumgehen und in einer furchtbar wilden Hast seine nächsten Angehörigen und übrigen Freunde besuchen wird, um sich zu versichern, dass er nicht ins Fegefeuer oder sonstwohin gekommen ist. (Natürlich kommt er in kein Fegefeuer; das ist reine Erfindung, eine höchst hinterhältige Lüge, die nur ausgedacht wurde, um Menschen unglücklich zu machen.)«
>
> (Hubbard, Lafayette Ronald: Haben Sie vor diesem Leben gelebt?, Kopenhagen 1979, S. 49f.)

Vielleicht fragt sich Edwin insgeheim immer wieder, wenn er nachts aufschreckt, warum der »Thetan« mit diesen schrecklichen Erfahrungen auf der Zeitspur ausgerechnet auf der Suche nach einem neuen Körper an dem Kreissaal vorbeigekommen ist, in dem seine Mutter ihn zur Welt gebracht hat. Denn inzwischen ist er unbeirrbar davon überzeugt, dass sein »Thetan« in der Vergangenheit mehrfach Zeuge wurde, wenn er seines Körpers gewaltsam beraubt wurde. Wenn er auch noch nicht alle »Geschehnisse« auditiert hat, hat er doch genau zugehört, als in der Scientology-Organisation bei einem Vortrag Hubbard folgendermaßen zitiert wurde:

> »Lassen Sie uns einen Menschen anschauen, der einigermaßen stark und fähig ist. Jemand kommt und beraubt ihn seines Körpers. Ich werde Ihnen eine recht interessante Reaktion darauf nennen – er wird sagen: ›Denen werde ich zeigen, dass sie mich nicht aus dem Spiel nehmen können.‹ Es macht ihn wütend und regt ihn auf, und er rast quer durch das halbe Land, sieht eine Entbindungsanstalt und schnappt sich einen Babykörper.«
>
> (Hubbard, Lafayette Ronald, a.a.O., S. 49)

Der »Thetan« ist also so gut wie unsterblich. Der jeweilige Mensch, in den er hineinfährt, hat also eine Menge damit zu tun, den gesamten Ballast dieses Geistwesens loszuwerden. Auch Edwin wird irgendwann genau diese These vertreten und damit ideologisch fest eingebunden sein in das Denkmodell des »Thetan«, der seine ewigen Leiden in diesem Leben durch die scientologischen Verfahren zu beheben hat. Selbst dann, wenn er irgendwann in seinem Inneren die Aussage eines nicht namentlich genannten Schauspielers auf dem Einband des Buches über die vorherigen Leben logischer und einleuchtender finden mag.

> »Ich hatte gedacht, dass frühere Leben zum Gebiet der Reinkarnation gehörten und dass es alles eine Frage des Glaubens sei. Nach meiner ersten Dianetik-Session – in der ich ein früheres

Leben wiedererlebte – wurde mir klar, dass frühere Leben keine Sache des Glaubens, sondern vielmehr des Bewusstseins sind.«

(Hubbard, Lafayette Ronald, a. a. O., Rückseite Umschlag)

Die erschreckende Frage, die bei derartig verinnerlichtem Wissen immer wieder auftauchen kann, ist die: Warum schicke ich den »Thetan« nicht einfach aus diesem Körper, damit meine Unzulänglichkeiten mich nicht länger quälen? Er könnte in einen anderen Körper ziehen, in dem dieser »Thetan« erfolgreicher zu klären ist als in meinem jetzigen. So kann durchaus davon ausgegangen werden, dass sowohl Kinder als auch erwachsene Mitglieder der Organisation hin und wieder darüber nachdenken, dem »Thetan« in ihrem Körper seine Freiheit wiederzugeben, indem der jetzige Körper diese Welt verlässt. Was das auch für ein Kind bedeuten kann, davon später mehr.

Das »aberrierte« Kleinkind

Die gesundheitliche Sorge um den eigenen Nachwuchs ist ein zentrales Thema für alle Eltern – so sollte man zumindest meinen. Die gleiche Sorge steht immer auch im Mittelpunkt staatlicher Institutionen, sofern die Eltern irgendwelche Problemsituationen aufweisen. Schwierig wird es speziell dann, wenn Eltern davon überzeugt sind, dass Kinder eigentlich nicht existieren, sondern Geistwesen, »Thetane«, sind, die auf ihrer Zeitspur schon einiges hinter sich haben.

Ob im aktuellen Leben oder früher, der »Thetan« (besonders im kleinen Körper) hat einen Kampf zu führen. Die Erziehung im dianetischen und scientologischen Gedankengebäude lässt andere Interpretationen kaum zu.

Der Anspruch an die Eltern und sonstige Personen innerhalb des Systems, die mit den Heranwachsenden zu tun haben, wird unmissverständlich formuliert. Das Buch »Kinder-Dianetik« ist nach Angaben des Herausgebers und des zur Organisation zu zählenden Verlages, New Era Publications, aus den Hubbard-Forschungsmaterialien zusammengestellt. Es enthält ein Vorwort des Gründers, der dieses Buch mit folgendem Text der nachfolgenden Scientology-Generation widmet:

> »Unserer nächsten Generation gewidmet, dem besten Grund, den wir für die Dianetik haben.«
>
> (Hubbard, Lafayette Ronald: Kinder-Dianetik, Kopenhagen 1983, S. V)

Der kleine Edwin kränkelt immer wieder einmal. Seine Eltern stehen diesem Phänomen vielleicht erst einmal etwas ratlos gegenüber, aber Dank der scientologischen Materialien sind sie davon überzeugt, mit der entsprechenden Anwendung der Technologie des Herrn Hubbard das Beste für das Kind, besser für den »Thetan« in seinem Körper, zu tun.

Es ist davon auszugehen, dass Scientologen-Eltern entsprechendes Kursmaterial im Bücherregal stehen haben, danach ausgebildet wurden und es bei ihrem Nachwuchs auch anwenden. Exemplarisch, unter Bezugnahme auf das Buch »Kinder-Dianetik«, ist der Kurs mit dem Namen »»Einführungs- und Demonstrationsprozesse & Assists« (New Era Publication, 1983). Wofür es bestimmt ist, steht schon auf der vordersten Seite unter der Überschrift »15 Prozesse speziell für Kinder«. Es gibt also auch hier Verhaltensregeln, wenn der kleine Edwin zum Beispiel Fieber hat, nachts weint oder schlecht träumt.

Selbst schwere Erkrankungen, wie z. B. Leukämie, sollen durch spezielle Methoden behandelbar sein. In der Publikation »Das Fallbuch des alten Herrn« bringt Hubbard seinen Anhängern die Heilmethoden seines Systems näher, ohne gleichzeitig zu versäumen, der herkömmlichen Ärzteschaft ein Versagen bei der Behandlung von bestimmten Krankheiten ins Stammbuch zu schreiben. Einleitend wird darauf hingewiesen, dass diese Ausführungen von dem »allwissenden« Hubbard stammen, dem an dieser Stelle sogar ein Doktortitel im Text verliehen wird:

> »Das folgende Material ist ein Auszug aus den Fallbüchern Dr. Hubbards bzw. den Ratschlägen, die er Auditoren brieflich oder persönlich gegeben hat.«

Und dann folgt die Geschichte, die die scientologisch funktionierenden Personen über die Hintergründe aufklärt, die zu einer Krankheit und natürlich zur Gesundung führen:

»Mr. Brennan, HPA (Großbritannien) rief mich wegen der Behandlung eines 18 Monate alten Säuglings an *(schon hier beim Begriff »Säugling« für ein fast zwei Jahre altes Kind sollten Zweifel an Kenntnissen des Herrn Hubbard über die Entwicklung von Kindern aufkommen, d. Verf.)*, dem die Ärzte nur noch eine Woche zu leben gegeben hatten. Die Medizin hatte, wie so oft, den Fall bereits aufgegeben, und offenbar auch die Familie, denn es war der Hausarzt, der darauf bestanden hatte, einen beratenden Scientologen heranzuziehen. *(Mögen die kranken Kinder dieser Welt vor solchen Hausärzten geschützt werden, d. Verf.)* (…) Er *(der Hausarzt, d. Verf.)* erhielt folgende Information über das Verfahren: Leukämie ist offensichtlich psychosomatischen Ursprungs, und mindestens acht Leukämie-Fälle wurden erfolgreich mit Dianetik behandelt, nachdem die Medizin traditionsgemäß aufgegeben hatte. Es wurde berichtet, dass die Quelle der Leukämie ein Engramm sei, das die Wendung ›Es macht mein Blut zu Wasser‹ enthielt. Die Reduzierung eines Engramms mit Dianetik ist bei einem 18 Monate alten Baby natürlich unmöglich; es sind daher auskeyende Verfahren, automatisch wirkende Verfahren oder direkte Kommunikation mit dem ›Thetan‹ angezeigt.«

(Hubbard, Lafayette Ronald: Das Fallbuch des Alten Herrn, The Journal of Scientology, in: Einführungs- und Demonstrationsprozesse & Assists, New Era Publication 1986, S. 193–195)

Soweit die Hubbard'sche »Diagnose«. Danach folgt der Behandlungsvorschlag für das in diesem Bericht als leukämiekrank beschriebene 18 Monate alte Kind. Wie fast immer bei Hubbard sind verschiedene Schritte vorgesehen. Jeder mag bei der Schilderung eigene Schlüsse ziehen, welche Ergebnisse für ein krankes Kind bei dieser »Therapie« herauskommen.

> »Das erste Mr. Brennan angeratene Verfahren war, das Baby dazu zu bringen, in der Gegenwart zwei Ankerpunkte zu bekommen. Das wird mit dem Tastsinn und den Händen des Säuglings gemacht. Die dahinter stehende Theorie ist natürlich, dass der Kontakt mit der Gegenwart Kontakt mit dem materiellen Universum bedeutet. Indem man die Finger des Babys leicht schüttelt (ob dies nun angenehm oder unangenehm ist) und somit seine Aufmerksamkeit für eine bestimmte Zeit auf seine Finger lenkt – und indem man dies mindestens zwei oder mehr Stunden lang macht –, besteht die Möglichkeit, dass das Baby in die Gegenwart gebracht wird. Das ist natürlich ein Key-out eines Engramms.«
>
> (Hubbard, Lafayette Ronald, Das Fallbuch des Alten Herrn, a.a.O.)

Der Vorschlag einer »Behandlung« des kranken Kleinkindes geht noch weiter, zwischendurch wird angeraten, das »Prozessing«, das für Tiere vorgesehen ist, durchaus auch bei Babys anzuwenden. Für diesen Schritt heißt es – und wir sind noch immer bei einer Heilbehandlung für ein leukämiekrankes Kind:

> »Man wird feststellen, dass neurotische und deprimierte Katzen, Hunde und Mäuse ihr soziales Verhalten ändern und wieder gesund werden, wenn dieser Prozess befolgt wird. (…) Von der

letzten Methode *(die für Tiere, d. Verf.)* wird berichtet, dass mehrere Auditoren sie mit Erfolg angewendet haben. Körper, Gesichtsausdruck und Stimme des Säuglings werden als Kommunikationsmittel ignoriert. Der Auditor wendet sich an den Thetan und macht weiter, wobei er darauf vertraut, dass der Thetan ihn versteht. (…) Er exteriorisiert den Thetan *(nach der Hubbard'schen Lehre: der Thetan verlässt den Körper, d. Verf.)*, orientiert ihn im Raum (…) und fordert ihn schließlich auf, das in Ordnung zu bringen, was mit dem Körper nicht stimmt, indem er Energiesammlungen auf Nerven oder andere Stellen im Körper lokalisiert, sie weiß macht und sie entlädt.«

(Hubbard, Lafayette Ronald, Das Fallbuch des Alten Herrn, a. a. O.)

Und ich erinnere erneut daran, dass in diesem »Behandlungsbeispiel« von einem 18 Monate alten Kind gesprochen wird. Nur einige Zeilen weiter heißt es (ich gehe davon aus, dass dieses persönliche Schilderungen Hubbards sind):

»Mit Babys habe ich selbst es noch nicht gemacht. Mir wurde mitgeteilt, dass dies schon an Babys funktioniert hat, die erst vier Monate alt waren (…).«

(Hubbard, Lafayette Ronald, Das Fallbuch des Alten Herrn, a. a. O.)

Welche Prozeduren der kleine Edwin mit leichtem Fieber über sich ergehen lassen muss, bleibt dahingestellt, denn wäre er an Leukämie erkrankt, wäre die Geschichte bereits jetzt zu Ende erzählt.

Edwin aber hat nur leichtes Fieber, allerdings sind – wie seine Mutter feststellt – seine Augen irgendwie »verschmiert«. Sie sind etwas gerötet. Kurz, aber wirklich nur ganz kurz, kommt der Gedanke auf, dass diese Augenrötung und das leichte Fieber von der Unterbringung im vierten Stock des alten Hauses herrühren. Denn die Teppiche, auf denen er herumkrabbelt, könnten von Flecken, welcher Art auch immer, bedeckt sein. Die Tür zum Balkon, auf dem sein Spielzeug in einer Regenpfütze schwimmt, steht häufig offen. Die Verantwortung für diesen »Kindergarten« könnte ein junges 17-jähriges Mädchen übernommen haben, die Tochter einer anderen Scientologin, die in einer Werbeagentur arbeitet.

Edwins Mutter hat kurz gezögert, da das Mädchen erst 17 Jahre alt ist. Irgendetwas stimmte nicht mit diesem Mädchen. Sollte sie nicht schon lange mit ihren Eltern im Ausland sein? Wie auch immer, vorsichtshalber schreibt Edwins Mutter einen »Wissensbericht«, der auch die stark verschmutzten Teppiche zum Thema hat. Dann wird man ja sehen. Doch bislang war ihr die Tatsache, dass ihr kleiner Sohn schon seit Monaten auf eben diesen Teppichen herumkrabbelt, gleichgültig. Selbst etwas daran zu ändern, kommt ihr nicht in den Sinn. Ihr Kind ist krank, und ihre Sorge kann das nicht sein. Schließlich hat die 17-Jährige die Verantwortung übernommen, und auch bei ihr ist die Erklärung für Edwins Krankheit zu suchen. Auf die einfachste Lösung, das Kind einem Kinderarzt vorzustellen, kommt sie nicht, denn sie ist viel zu sehr verstrickt in die »Heilslehre« ihrer Organisation.

Für Edwins Mutter ist maßgeblich, was L. Ron Hubbard im Scientology-Handbuch zu diesem Problem sagt:

> »Der geistige Zustand der Person macht sie anfällig für Verletzungen und Krankheiten. Sie werden durch das Wesen selbst als Ausdruck seines gegenwärtigen geistigen Zustandes aus-

gelöst. Und sie zögern sich hinaus, wenn die damit verbundenen geistigen Faktoren nicht vollständig in Ordnung gebracht werden.«

(Hubbard, Lafayette Ronald: Das Scientology Handbuch, Kopenhagen 1994, S. 205)

Sie liest weiter und fragt sich, was zu tun ist. Die Antwort steht deutlich und klar im Handbuch, wonach sie dafür zu sorgen hat, mittels »Berührungsbeistand« mit dem (verschmierten) Auge in Kommunikation zu treten:

»Jede einzelne körperliche Erkrankung rührt von dem Versäumnis des Wesens her, mit dem Gegenstand oder Bereich, der krank ist, zu kommunizieren. (…) Der Zweck eines Berührungsbeistandes besteht darin, die Kommunikation mit verletzten oder kranken Teilen des Körpers wiederherzustellen. (…) Dies wird gemacht, indem man den Körper der kranken oder verletzten Person wiederholt berührt und sie mit der Verletzung in Kommunikation bringt. Durch die Kommunikation der Person mit dem verletzten Bereich wird die Genesung herbeigeführt.«

(Hubbard, Lafayette Ronald: Das Scientology Handbuch, Kopenhagen 1994, S. 211)

Zum Glück für den kleinen Edwin taucht am Abend seine nicht-scientologische Großmutter auf, und sie wird auch in die Wohnung hineingelassen. Sie diskutiert nicht lange mit ihrer Tochter, sondern sorgt dafür, dass ihr Enkelsohn ordentlich medizinisch behandelt wird. Gut für das Kind, schlecht für die scientologische Mutter, denn ihr Ehemann hat die Szene mitverfolgt und wird über sie einen »Wissensbericht«

schreiben. Und was das bedeutet, ist ihr klar: die Rechtfertigung ihres Verhaltens in der Organisation.

Warum nur, so fragt sich Edwins Mutter immer wieder, kann ihre eigene Mutter nicht begreifen, was für sie seit Jahren Gewissheit ist:

> »Kinder sind nicht Hunde. Sie können nicht wie Hunde dressiert werden. Sie sind nicht kontrollierbare Dinge. Sie sind, lassen Sie uns diesen Punkt nicht übersehen, Männer und Frauen. Ein Kind ist nicht eine spezielle Tierart, die sich vom Menschen unterscheidet. Ein Kind ist ein Mann oder eine Frau, der bzw. die nicht voll ausgewachsen ist. Jedes Gesetz, das auf das Verhalten von Männern und Frauen zutrifft, gilt für Kinder.
>
> (Hubbard, Lafayette Ronald: Kinder-Dianetik, Kopenhagen 1983, S. 2)

Die Frage aller Fragen: Wo bist du jetzt?

»Es ist möglich, ein Kind jeder Altersstufe, nachdem es sprechen gelernt hat, zu auditieren.«

(Hubbard, Lafayette Ronald: Kinder-Dianetik, Kopenhagen 1983, S. 67)

Nach diesem Satz zum Thema Kinder wird allen klar, die jemals das »Hubbard-E-Meter« gesehen haben, warum z. B. auch kleine Blechdosen mit in den Koffer des Gerätes gehören. Das »Auditing« mit Hilfe des E-Meters ist eines der zentralen Verfahren in der Scientology-Organisation und Kinder sollen bereits früh damit konfrontiert werden. Um zu begreifen, warum Eltern ihren Kindern dieses Verfahren schon möglichst früh antun, ist immer wieder daran zu erinnern, dass auch die scientologisch trainierten Gehirne der Eltern das Ausmaß und die Auswirkungen der Verfahren nicht mehr realisieren. Sie sind von der Lehre des geistigen Wesens, des »Thetan«, dessen Befreiung voranzubringen ist, überzeugt. So interpretieren diese Eltern selbst ihr eigenes Verhalten als rücksichtsvoll und berufen sich dabei auf folgenden Absatz aus dem Buch »Kinder-Dianetik«:

»Man sollte das Kind jedoch nicht dazu zwingen, in die vorgeburtliche Zone zurückzugehen, bevor es mindestens zwölf Jahre alt ist. Wenn das Kind in die ›Grundzone‹ *(Hervorhebung im Original, d. Verf.)* zurückkehrt, sollte dies akzeptiert und als selbstverständlich behandelt werden, und die Engramme sollten reduziert oder ausgelöscht werden. Der Auditor sollte das Kind jedoch in keiner Weise dazu zwingen, dies zu tun.«

(Hubbard, Lafayette Ronald: Kinder-Dianetik, Kopenhagen 1983, S. 67)

Der letzte Satz dieses Zitates, keinen Zwang auszuüben, kann bei der gesamten Aussage nur die Interpretation zulassen, dass ab dem zwölften Lebensjahr durchaus Zwang angebracht sein kann. Anders ist m. E. nach die Unterscheidung zwischen jüngeren Kindern und denen ab dem 12. Lebensjahr nicht zu erklären.

Dem nicht-scientologischen Leser dieser Zeilen muss – wie so oft – erläutert werden, welche Bedeutung bestimmte Begriffe in der scientologischen Sprachwelt haben. Auch dem Wort »Grundzone« in diesem Zitat könnte man besondere Beachtung schenken. Dazu muss man sich in Erinnerung rufen, dass die Lehre des »Thetan« – wie gesagt – Millionen von Jahren zurückgeht und die Probleme mit »Engrammen« (Schmerzerfahrungen ...) die Lösung der aktuellen Schwierigkeiten behindern. Gemäß der Dianetik befinden sich alle Wesen auf der »Zeitspur« (time-track), und beim »Auditing« sind eben diese »Engramme auf der Zeitspur« zu erkennen und zu löschen. Die »Grundzone«, in die die armen Kinder zurückzuführen sind, wird in einer Fußnote im Buch selbst wie folgt erläutert:

> »Grundzone: die früheste vorgeburtliche Zeitspanne, einschließlich des Abschnitts des Time-Tracks von der ersten Aufzeichnung auf der Samen- oder Ei-Linie bis zur ersten ausgebliebenen Menstruation der Mutter.«
>
> (Hubbard, Lafayette Ronald: Kinder-Dianetik, Kopenhagen 1983, Seite 67)

Kehren wir nun zu der jungen Mutter des kleinen Edwin zurück, die als hauptamtliche Mitarbeiterin der örtlichen Scientology-Organisation tätig ist. Sie hat kaum Zeit, sich um sich selbst zu kümmern, geschweige denn zu verfolgen, was bei den Sitzungen ihres kleinen Sohnes, der Schritt für Schritt mit dem »Prozessing« der Organisation gefüttert wird, passiert. Wahrscheinlich geht es ihr – wie wohl den meisten Menschen mit Kindern – in der Scientology-Organisation: Es interessiert sie nicht, denn allein der Fortschritt in der Arbeit an seinem Wesen ist für sie Maßstab ihrer Erziehung. So nimmt sie irgendwann durchaus wahr, dass es ihr Sohn Edwin ist, dessen Wimmern sie aus dem Raum hört, hat aber für sich sofort die entsprechende Argumentation parat: Sie kann ihm nicht helfen, da muss er bzw. sein Wesen allein durch.

Die Vorbereitung auf scientologische »Bildung«

Wie für Erwachsene im Scientology-System ist es auch für Kinder unumgänglich, die Praxis zu erlernen, um später mit sich selbst und anderen entsprechend agieren zu können. Von Anfang an wird der Mensch, also auch die Kinder, auf persönliche Defizite gepolt. Dabei spielt bei Kindern eine entscheidende Rolle, dass sie gemäß »Kinder-Dianetik« quasi als »psychisch krank« definiert werden. So findet sich im genannten Buch die Äußerung:

> »Es ist nicht überraschend, dass Kinder Ähnlichkeit mit Psychotikern und Schizophrenen zu haben scheinen.«
>
> (Hubbard, Lafayette Ronald: Kinder-Dianetik, Kopenhagen 1983, S. 76)

Davon ist das Prinzip von Scientology abzuleiten, gewissermaßen als Basis des gesamten Gerüsts, das für jede Person, ganz gleich welchen Alters, gilt: Eine »Heilung« des kranken Gehirns durch Dianetik und Scientology ist nur durch die Einhaltung der Regeln erreichbar.

Jeder, der es mit der Scientology-Organisation zu tun bekommt, hat Einstiegskurse zu absolvieren. Ein klassischer Kurs ist der so genannte »Kommunikationskurs«. Da die Lehre besagt, dass Missverständnisse über fehlende Kommunikation geklärt werden müssen, ist dies natürlich selbstverständlich auch für Kinder gültig. Sie erwartet der »Komm-Kurs«. Dieser beinhaltet die Übung, sich regungslos gegenüberzusitzen und in die Augen zu sehen. Kein Zwinkern, keine Regung ist erlaubt, sonst beginnt die Prozedur von vorne. Solche Übungen, die – wie schon erwachsene Personen schildern – Stress erzeugen, werden also auch mit Kindern praktiziert. Wie eben alles, was auf dem Weg zum funktionierenden Scientologen notwendig ist.

> »Der Komm-Kurs war für mich die Einstiegsdroge in Scientology. (…) Einige Übungen musste ich mit einem elf- bis zwölfjährigen (!) Jungen machen, der während dieser unmenschlichen Übungen kurz vorm Weinen war.«
>
> (Karl-Heinz Schneider, Der kosten-, aber nicht folgenlose Scientology-Test, Ev. Presseverband Bayern e.V., veröffentlicht auf: http://www.ingo-heinemann.de)

So wird den Eltern in den Kursmaterialien nahegelegt, was mit ihren Kindern zu passieren hat. Sobald jedoch ein Kind sprechen kann, enthält das »routinemäßige Kinder-Prozessing« bereits folgende Übung, die als besonders Erfolg versprechend angepriesen wird:

> »Wo ist die/das …? Es werden Gegenstände wie ›Tisch‹, ›Stuhl‹ und andere (außer dem Körper) im Zimmer eingesetzt. Das Kind betrachtet bei korrekter Antwort dieses zunächst als Sprach-Test und ist ganz stolz auf seinen Erfolg. Der Prozess bringt gelegentlich von Verlusten herrührende Gramladungen zum Verschwinden.«
>
> (Einführungs- und Demonstrationsprozesse & Assists 1983, Abschnitt Techniken für Kinder-Prozessing, S. 185)

Mit diesen Übungen ist es jedoch nicht getan. Bei Kindern werden die gleichen »Materialien« empfohlen und eingesetzt wie bei Erwachsenen, speziell auch beim »Auditing«.

Die Anwendung der Praktiken schon an Kleinkindern ist nicht nur Theorie. Im Zusammenhang mit einer Diskussion um einen von Mitgliedern der Organisation eingerichteten Kindergarten wurde im Radio über diese Einrichtung berichtet:

> »In einem scientologischen Kindergarten können Kinder nach Aussage einer Sprecherin schon ›sehr früh‹ – bevor sie sprechen können – ›einfache Hilfen‹ erfahren. Dieses im Zusammenhang mit Scientology beweist, dass die Kinder von Anfang an eine andere Sprache, andere Wortinhalte lernen als die allermeisten anderen Kinder. (…)«
>
> (Gespräch in »Klassik-Radio« am 24.7.1992)

Schon bei einem kleinen Kind werden die so genannten »Rückrufprozesse« eingesetzt. Das Löschen der Engramme muss früh beginnen.

So hat auch der kleine Edwin seine Lektionen zu lernen. In der Sammlung für Einführungsprozesse mit entsprechenden Kinder-Übungen wird folgende Empfehlung gegeben:

> »Mit einigem Erfolg können an Kindern die Selbstanalyse-Rückrufprozesse auf der vorletzten Seite des Buches SELBSTANALYSE auditiert werden. Für die ganz Kleinen muss man sie umformulieren.«
>
> (Hubbard, Lafayette Ronald: Selbstanalyse, Kopenhagen 2001, S. 221)

Zurück zu Edwin: Da sitzt er nun, der Kleine, die Dosen des Hubbard-E-Meters in der Hand. Ihm gegenüber eine Person, die er vielleicht vom Sehen kennt. Seine Eltern fest verstrickt in den scientologischen Arbeitsalltag. Edwin aber wird mit der empfohlenen Frageliste aus dem Buch »Selbstanalyse« von L. Ron Hubbard traktiert. In der Einleitung zu den Fragen geht es um die so genannten »Aberrationen« (Erklärung laut Fachwortsammlung Dianetics und Scientology, New Era Publications, L. R. Hubbard, 1984, S. 1: »aberriert: von der Vernunft abgewichen, geistig gestört«). Diese »Verwirrungen« müssen verschwinden. Es sind kranke Elemente.

Der entsprechend empfohlene Abschnitt des Fragenkatalogs ist überschrieben mit dem Wort »Abwertung«, und das Ziel der Befragung ist Folgendes: Man soll erkennen können, welche Personen in der Umgebung Schlechtes zum Ziel haben und den eigenen Weg behindern. Schon sehr früh beginnt damit die Abgrenzung nach außen. Die Empfehlung für den Umgang mit Kindern lautet, altersgemäße Fragen zu stellen. Doch ist das eine Empfehlung, die bereits bei der ersten Frage scheitern dürfte. Diese lautet:

> »Wie viele Leute haben Sie gekannt, die in der Maske des Helfers fortwährend versucht haben, Sie als Person in Stücke zu reißen und Ihre Zukunft, Ihre Hoffnungen, Ihre Ziele und die Energie Ihres Lebens selbst zu reduzieren?«

Dann folgen weitere Fragen, die auch der kleine Edwin und andere Kinder der Organisation beantworten müssen:

Kannst du dir eine Zeit zurückrufen, als:

1. Jemand, der viel kleiner war als du, dir deine Größe übel genommen hat?
2. Jemand, der größer war als du, dir ein Gefühl der Minderwertigkeit gab?

3. Jemand dich etwas nicht beenden lassen wollte?
   (...)
13. Du entdeckt hast, dass es auf der Welt noch gewöhnlichere Menschen gab als dich?
    (...)
20. Du festgestellt hast, dass du größer und stärker warst als ein Tier?
    (...)
23. Ein Feind um Schonung gefleht hat?
24. Du jemanden zum Bluten gebracht hast?
28. Du etwas getötet hast?
    (...)
30. Es dir gelungen ist, von jemandem wegzukommen, der dich abgewertet hat?
31. Du entdeckt hast, dass du recht hattest und der Alte nicht?

Und schließlich die letzte Frage, die 37., nach vielleicht Stunden der Befragung durch den Auditor:

37. Du heute auf dich selbst stolz warst?

Der Kopf des kleinen Edwin wird sicherlich danach damit zu tun haben, was in der Zeit am »E-Meter« passiert ist. Er wird vielleicht schon verinnerlicht haben, dass es Menschen gibt, die ihm zwar freundlich und hilfsbereit begegnen, aber nichts anderes vorhaben, als ihn abzuwerten, ihn kleinzukriegen. Ein guter Scientologe muss schnell lernen, wo die Feinde sitzen, und das schon als Kleinkind.

Schulische Kommunikationsprobleme

Leben und Alltag unserer scientologischen Familie gehen weiter. Morgens kommt Klein-Edwin in die entsprechende Unterbringung, spät am Abend wird er – manchmal schon schlafend – abgeholt. Zwischendurch Kurse und »Auditing« für den Kleinen. Schließlich, nach ein paar Jahren, ist der Zeitpunkt gekommen, an dem die nicht-scientologische Welt auf den kleinen Edwin aufmerksam wird: Er muss zur Schule.

Was tun? Eigentlich war es immer klar, dass man irgendwann gemeinsam, Eltern und Kind, in eine der Elite-Einrichtungen der so genannten »Sea-Organisation«, ins Ausland geht. Aber bisher waren die Voraussetzungen nicht gegeben, vor allem durch die Großeltern, die immer einmal wieder inner-scientologischen Stress verursacht hatten. In die »Sea-Org« aufgenommen zu werden, das bedeutet, alles geregelt zu haben und keine Probleme zu hinterlassen.

Die andere Möglichkeit, die in Dänemark gelegenen scientologischen »Schuleinrichtungen« für den kleinen Edwin ins Auge zu fassen, scheitert im Moment an der finanziellen Situation der Familie. Denn das Internat gleich hinter der deutschen Grenze verlangt Schulgebühren. Aber was soll es, gerade für die Großeltern (und damit die nicht-scientologische Welt) ist das Einschulen des kleinen Edwin in einer staatlichen Schule ja auch ein Beweis der Freiheit! Niemand in der Organisation soll ja angeblich gezwungen werden, seine Kinder in scientologische Einrichtungen zu schicken. Die andauernden Diskussionen mit nicht-scientologischen Familienmitgliedern um das Wohl des Kindes durch Scientology können damit vielleicht – zumindest für eine Zeit – beendet werden. Denn für die Eltern bleibt es Ziel, ihren Edwin irgendwann in die entsprechenden Einrichtungen bringen zu dürfen.

Der Tag der Einschulung naht. Der kleine Edwin ist etwas aufgeregt, ein Gefühl, das ihn stört, denn eigentlich, so hat er es gelernt, müsste er in der Lage sein, jede Situation zu beherrschen. Er macht sich fertig für die Schule. Die Eltern schlafen noch. Er ist mit seinen Gedanken allein. Jemanden zu fragen, was ihn erwartet, traut er sich nicht. Schließlich kommt seine Mutter aus dem Schlafzimmer, sieht ihn an und fragt ihn, ob er fertig ist. Klar und tschüss. Den Schulweg hat er sich vorher schon einmal angesehen, alleine, denn er ist verantwortlich dafür, dass er hinkommt. So geht er ganz allein, er sieht auf dem Weg andere Kinder mit ihren Eltern und Schultüten im Arm. Doch er vermeidet den Kontakt, geht stur seinen Weg zur Schule. Dort angekommen wird er nach seinen Eltern gefragt. Er weiß keine Antwort. Die Lehrerin nimmt ihn mit in die Klasse. Edwin sitzt mit einem anderen Jungen zusammen. Der spricht ihn auch gleich an, wo er seine Schultüte denn hätte und was denn darin gewesen sei. Edwin antwortet lieber nicht. »Was will der bloß von mir?«, denkt er. Irgendwie übersteht er diesen ersten Schultag und geht – nein, nicht nach Hause, denn dort ist ja niemand. Sein Weg führt ihn mit Bus und Bahn in das Scientology-Gebäude. Der Junge, der neben ihm gesessen hat, war ja eigentlich ganz nett, aber er hatte auch dauernd gefragt, ob er ihm helfen könne, weil ja seine Eltern nicht da waren. »Was ist das für einer?«, denkt Edwin, denn er braucht keine Hilfe. Edwin weiß, dass er derjenige ist, der anderen hilft.

Im Scientology-Gebäude sieht er seine Mutter nur einen kurzen Moment, als sie in einem Raum verschwindet. Er selbst geht in seinen Kursraum, »Wortklären« ist heute dran. Denn er muss verstehen und lernen, *wie* man lernt. Außerdem will er eigentlich nicht wieder in die Schule. Irgendwie haben die sich alle komisch verhalten, nicht nur der Junge neben ihm. Ein kurzer Zweifel kommt auf, ob er nicht vielleicht doch mehr mit dem Jungen hätte reden sollen – aber der hätte ihn wohl doch nicht verstanden.

Schließlich fasst sich Edwin ein Herz, nachdem er eine Bestätigung bekommen hat, seine »Wortklärungsübungen seien erfolgreich abgeschlossen«. Er möchte dem Mann, der die Übungen beaufsichtigt hat, von seinem ersten Schultag erzählen. Zu seiner Erleichterung nimmt sich der Mann etwas Zeit und fragt den kleinen Edwin, ob man mit ihm in seinem Studium (das scientologische Lernen) schon den Abschnitt über Ausbildung durchnehmen könnte. Edwin weiß es nicht genau. Der Mann holt Kursmaterial aus dem Regal, um Edwin etwas vorzulesen. Bevor er sich wieder setzt, fragt er Edwin, warum er überhaupt in dieser Schule ist und nicht in Dänemark oder woanders. Sein Sohn sei zwei Jahre älter als Edwin, also acht Jahre alt und so glücklich in England, in Saint Hill. Das wäre doch eigentlich auch für Edwin das Richtige. »Klar«, denkt Edwin, »das muss toll sein, in England.« Doch er sagt nichts, denn erst einmal muss er begreifen, was falsch ist an der Schule, in der er heute Morgen war.

Der Mann erklärt ihm, dass L. Ron Hubbard herausgefunden hat, dass Ausbildung »Aberration« war. Also etwas Unvernünftiges. Das Grundproblem, das Hubbard erkannt und für das er Lösungen erarbeitet hat – und nun zitiert der Mann wörtlich:

»Das Leben war eifrig dabei, jemandem eine Lektion zu erteilen. Die Lektion, die es erfolgreich verabreichte, war, dass er nicht mehr leben sollte. Und diese kleine Lektion lag dann jeder weiteren Ausbildung zugrunde. Das geschah auf eine Weise, dass Ausbildung selbst als Aberration betrachtet werden konnte. Mit anderen Worten: Ausbildungssysteme waren faul und machten es sich leicht mit dem Spiel des MEST-Universums, jemandem beizubringen, nicht zu leben, und dem entsprachen wiederum die Lebensläufe. Aber schauen wir uns einmal an, wie Ausbildung durchgeführt wurde. Man brachte jemandem etwas bei, indem man sagte ›Schweine haben Schnauzen‹. Die Schüler sollten dazu nicht ›Ja‹ sagen, die Klasse sollte still sein.«

(Hubbard, Lafayette Ronald: Techniken für Kinder-Prozessing,
in: Einführungs- und Demonstrationsprozesse,
New Era Publications, Kopenhagen 1982, S. 188)

Edwin weicht dem erwartungsvollen Blick des erwachsenen Scientologen etwas aus, was zur Folge hat, dass dieser so eindringlich Blickkontakt zu ihm sucht, dass Edwin ihm schließlich in die Augen sieht und ein kurzes »fein« ausstößt. Der Mann nickt ihm zu, streichelt ihm übers Haar und lässt ihn dann allein. Etwas verwirrt sitzt Edwin noch auf seinem Stuhl, aber er hat die Kommunikation mit dem Mann abgeschlossen. Irgendwie versucht er zu sortieren, was die Schweineschnauzen mit seinem ersten Schultag zu tun haben …

Einige Tage geht es für Edwin in diesem Rhythmus weiter. Der Junge aus seiner Klasse hat ihn gefragt, ob sie am Nachmittag nicht mal zusammen spielen können. Der versteht anscheinend gar nichts. Ist völlig »aberriert«, so die Gedankengänge des kleinen Edwin. Oder soll er ihn einfach mitnehmen, dahin, wo er auch begreifen könnte, dass es etwas anderes gibt, etwas Größeres als die Welt des Jungen. Ganz kurz nur denkt Edwin darüber nach, aber dann erinnert er sich plötzlich daran, dass er erst kürzlich aufgeschnappt hat, dass die Menschen nicht verstehen, was Scientology bedeutet. Im Gegenteil, sie verfolgen diejenigen, die dabei sind. Beispiele soll es ja genug geben. Wie immer bei einer Idee, die die anderen nicht verstehen. Also was soll es? Er ist derjenige, der irgendwann in der Lage ist, völlig frei zu sein. Vielleicht kann er ja später den Jungen überzeugen, wenn er selbst weiter oben auf der Brücke ist, so wie der Sohn einer erfolgreichen Scientology-Mutter, von dem immer wieder gesprochen wird. Der hat schon mit zehn Jahren gewusst, was Sache ist, hat erkannt, dass er lange vor den meisten Erwachsenen in der Org »clear« war und natürlich ist. Edwin bewundert diesen Jungen. Was soll er da mit dem anderen, mit dem Unwissenden aus seiner Schule?

Was ich an diesem Beispiel des kleinen Edwin deutlich machen möchte, ist bereits in verschiedenen Veröffentlichungen ausgesprochen worden. Durch die permanente Beschäftigung mit der Hubbard'schen Lehre, dem fast ausschließlichen Umgang mit Menschen aus der Scientology-Organisation und den Kursen und Seminaren kann Folgendes passieren:

»Die Möglichkeit, sich mit anderen Kindern zu verständigen, zu spielen, zu reden wird dadurch verhindert. Die Kinder wachsen in einer künstlichen Welt auf und haben in diesem Alter keine Chance, sich zu wehren.«

(Gespräch in »Klassik-Radio« am 24. 7. 1992,
Bezugnahme auf den Kindergarten »Happy Kids« in Hamburg)

Kinder sind wie Handtaschen

Wenn es einem Menschen gelingt, sich irgendwann aus der Scientology-Organisation zu lösen, reflektiert er häufig erst lange Zeit später, welchen Methoden er jahrelang im System ausgeliefert war. Verlassen ganze Familien mit ihren Kindern Scientology, machen sich die Eltern häufig heftigste Vorwürfe, keine ausreichend liebevolle Beziehung zu Söhnen und Töchtern aufgebaut zu haben. Sie vertrauten einer Ideologie, die ihnen nicht einmal genug Zeit für ihre Kinder gelassen hat. Sie sind ihren eigenen Kindern fremd geworden und haben ihnen keine Liebe geschenkt. Ein Kind, das ohne das Gefühl von Nähe und Geborgenheit aufwachsen muss, hat es bekanntlich im Leben sehr schwer.

Allerdings haben Eltern und ihre Kinder mit dem Ausstieg aus der Organisation eine neue Chance. Diese funktioniert aber nur, wenn sie gemeinsam gehen.

Stellvertretend für viele Einzelschicksale von Personen, die ihre Kinder mit dem anderen Elternteil in der Organisation zurücklassen, möchte ich hier jemanden zitieren, der 28 Jahre in der Organisation war, praktisch sein halbes Leben lang. Er schreibt über das, was ihn zum funktionierenden »Rädchen« machte, und die daraus resultierende Bedeutung für das Verhältnis zu seinen Kindern:

> »Die Scientology-›Gesetze‹! Der wirkliche Wahnsinn an der ganzen Angelegenheit ist, dass nun meine Kinder in diese Mühle geraten sind, die an sich extrem menschenfeindlich ist, und wo ich immer die Idee gehabt habe, dass das meinen

Kindern nicht passieren würde. Das bringt mich in Rage – da wird auf den Herzen von Kindern ›Klavier‹ gespielt, und wenn ich meine momentane Situation ansehe, muss ich mich wirklich zurückhalten, um nicht laut aufzuschreien oder sonst was.«

(Handl, Wilfried: Scientology: Wahn und Wirklichkeit.
28 Jahre in einer Psychosekte, Wien 2005, S. 211)

Natürlich ist es zudem schwer – selbst wenn man gemeinsam geht und die Kinder in die nicht-scientologische Welt mitnimmt –, die einmal eingetrichterten Gedanken wieder loszuwerden und praktisch ein neues Leben zu beginnen. Es bleibt sehr lange eine große Herausforderung, das tägliche Miteinander ohne die scientologischen Richtlinien zu bewältigen. Denn bis die Entscheidung des Ausstiegs gefallen ist, werden Kinder durch das trainierte Bewusstsein der scientologisch funktionierenden Eltern häufig eher wie Gegenstände behandelt.

Der Körper, so ist es erlernt und verinnerlicht, ist das Transportmittel des Geistwesens, des »Thetan«. Man nimmt alle Körper mit, man legt sie sozusagen ab – wie in einer Handtasche. Die Kinder werden oft genug den jeweiligen Mitarbeitern in der Organisation überlassen, so dass es fast unmöglich geworden ist, selbst Verantwortung zu übernehmen – dieses natürlich manchmal auch mit einem Hauch von schlechtem Gewissen. Aber während der aktiven Zeit kann es dann durchaus passieren, dass man das Kind vergisst, das gerade im Gebäude der Organisation Kurse besucht, am »Hubbard-E-Meter« in einer »Auditing-Sitzung« festhängt oder in der Sauna schwitzt, bei einem so genannten »Reinigungsprogramm«. Dieser »Purification-Run-Down« oder scientologisch kurz: »Purif«, ist von allen aktiven Mitgliedern in der Organisation zu absolvieren, also auch von den jüngsten.

Auch für unseren Edwin ist irgendwann die Zeit gekommen, die Belastungen, die seinen Weg zur scientologischen Erkenntnis hindern, durch das »Reinigungsprogramm« mindestens zu reduzieren.

Edwins Mutter hatte natürlich für ihren minderjährigen Sohn eine »Verzichtserklärung« unterschrieben. Die anderen Punkte, die vor Beginn des Programms verlangt werden, war sie pflichtgemäß mit ihm durchgegangen. Vor allem Punkt B war ihr wichtig gewesen:

> »Sorgen Sie dafür, dass die Person versteht, dass die Aktion unternommen wird, um dabei zu helfen, sie als geistiges Wesen zu befreien, und dass es keine medizinische Behandlung ist.«

Auch Punkt E war unserer jungen Mutter wichtig, damit es später keine Probleme gab:

> »Bekommen Sie ihr Versprechen, die Anweisungen zu befolgen und den Rundown abzuschließen und nicht davon wegzulaufen, weil es unangenehm ist oder weil sie faul ist oder andere Verabredungen hat.«
>
> (Beide Zitate aus: Hubbard, Lafayette Ronald: Die Reinigungsrundown-Serie, Kopenhagen 1986, S. 24)

Inwieweit Edwin das wirklich verstanden hat, ist nicht zu ergründen. Seine Mutter bezahlt auch den Arzt, ein Mitglied der Organisation, der seit langem dafür zuständig ist, die medizinische Unbedenklichkeit für das »Reinigungsprogramm« schriftlich abzugeben. Und er gibt sie auch im Fall Edwin ab. Ob und wie er den kleinen Edwin untersucht hat, bleibt unklar. Seine Praxis hat Edwins Mutter nie gesehen. Doch für Edwins Mutter besteht keine Notwendigkeit der Nachfrage, Zweifel lässt sie gar nicht erst aufkommen. Sie lebt in ihrer Welt mit den entsprechenden Regeln, in der das Wort »Zweifel« verpönt, ja geradezu untersagt ist.

Das »Reinigungsprogramm« beginnt zunächst mit Laufen, dann folgen Saunagänge und schließlich die Einnahme von Vitaminen und dem von Hubbard so hoch eingeschätzten und nach seinen eigenen Angaben wissenschaftlich erforschten »Niacin«. Die Dosis der Vitamine und des Niacins wird nach dem vorgeschriebenen Programmablauf gesteigert.

Es mag der zweite oder dritte Tag mit dem »Reinigungsprogramm« gewesen sein, an dem es Edwin in der Sauna irgendwie schlecht geht. Er hat das merkwürdige Gefühl, dass irgendetwas mit ihm passiert, aber er kann es nicht erklären. Er bleibt natürlich die vorgeschriebene Zeit in der Sauna sitzen, denn ein Abbruch kommt selbstverständlich nicht in Frage. Er ist froh, als er endlich den Saunaraum verlassen darf. Edwin fühlt sich ein bisschen so wie in Watte gepackt. Er beantwortet die kurzen Fragen seines »Fallüberwachers« und geht durch das Gebäude. Dabei trifft er auf seine hektische Mutter, die ihm nur einen Blick zuwirft und weiterhastet. Etwas taumelnd verlässt er das Gebäude. Einige Zeit später findet er sich vor der Tür des Hauses seiner nicht-scientologischen Großeltern. Später kann er sich nicht recht erinnern, wie er dorthin gekommen ist, und auch das, was seine Großmutter anschließend erzählt, wird er nicht bestätigen. Im Gegenteil, er wird diese

»Geschichte seiner Großmutter« bestreiten, da sie von ihr nur ausgedacht war, um Scientology zu schaden.

Kehren wir also zu der Situation zurück, als Edwin vor der Tür seiner Oma ankommt und klingelt. Sie öffnet ihm die Tür und findet ihren Enkelsohn merkwürdig verstört. Edwin sagt fast nichts, geht an ihr vorbei und setzt sich auf das Sofa. Sie spricht ihn an, fragt ihn, was mit ihm los sei, aber darauf reagiert er kaum. Seine Großmutter ist besorgt und verlässt das Wohnzimmer, um ihren Hausarzt anzurufen. Edwin geht auf den Balkon. Irgendwie ist ihm leicht, und er versucht, auf das Geländer zu klettern. Was ihn genau dazu bewogen hat, dieses zu tun, kann man nicht sagen. Doch es könnte durchaus mit der Idee verbunden sein, seinen Körper von dem »Thetan« endgültig zu lösen, um frei zu sein. Seine Großmutter jedenfalls hindert ihn daran, das Geländer des Balkons zu erklimmen. Der inzwischen eingetroffene Hausarzt will Edwin untersuchen, aber der möchte das nicht, und auch den Vorschlag, vorsichtshalber zur Beobachtung in ein Krankenhaus zu gehen, will er nicht annehmen. Seine Rettung vor dem von ihm so empfundenen Drangsalieren durch Großmutter und Arzt kommt in Gestalt seines Vaters, der plötzlich vor der Wohnungstür steht. Die Großmutter versucht, auf ihren Schwiegersohn einzureden, sie macht sich ernstliche Sorgen. Edwins Vater wird laut und bezichtigt sie der Lüge. Er nimmt seinen Sohn mit und bringt ihn zurück in die Scientology-Einrichtung zum »Fallüberwacher«.

Was eigentlich mit Edwin los war, wird sich nicht klären, aber irgendwann ist der Kleine davon überzeugt, dass er bei dem »Reinigungsprogramm« in der Sauna etwas erlebt hat, was viele anstreben und längst nicht alle erreichen: Sein »Thetan«

hatte den Körper verlassen. Er hatte das Phänomen der »Exteriorisation« erlebt. Nachdem er für sich und sein scientologisches Umfeld die »logischste Erklärung« gefunden hat, ist das Erlebnis für ihn abgehakt. Kein Gedanke mehr daran, was passiert wäre, wenn seine Großmutter ihn nicht daran gehindert hätte, auf das Balkongeländer zu klettern. Wie gesagt, davon weiß er sowieso nichts mehr, und für ihn lügt seine Großmutter – wie schon öfter.

Edwins Erklärung für seinen Zustand bzw. seine eigene Interpretation dieses Zustandes nach dem »Reinigungsprogramm« gilt in der Organisation als erstrebenswert. Nach Hubbards Wortdefinition heißt es:

> »Exteriorisation:
> 1. Die Handlung, sich mit oder ohne vollständige Wahrnehmung aus dem Körper hinauszubewegen.
> 2. Der Zustand des Thetan, des Individuums selbst, wenn er außerhalb seines Körpers ist.
> Nachdem dies geschehen ist, hat die Person Gewissheit, dass sie sie selbst ist und nicht ihr Körper.«
>
> (Hubbard, Lafayette Ronald: Das Phänomen des Todes, a.a.O., S. 41)

Denkbar ist, dass dieses vermeintlich »erstrebenswerte Ziel« einen gefährlichen Gedanken auslösen könnte: Selbstmord, den Körper (Maschine) als Thetan zu verlassen, um sich einen neuen Körper zu suchen. Die Aussage dazu ist so formuliert, dass ein Nicht-Scientologe sie kaum entschlüsseln kann:

»Der Mensch ist im Grunde gut. Er ist so gut, dass er sich selbst davon abhält, Böses zu tun. Notfalls dadurch, dass er sich selbst aus der Umgebung entfernt.«

(Kemming, Sabine; Potthoff, Norbert: Scientology-Schicksale. Eine Organisation wird zum Störfall. Erfahrungsberichte, Bergisch-Gladbach 1998, S. 387)

Man kann nur hoffen, dass in anderen Fällen, wenn Scientologinnen oder Scientologen, egal welchen Alters, der Auffassung sind, sie sollten sich »aus der Umgebung entfernen«, immer Menschen in der Nähe sind, die sie daran hindern.

Konflikt 1

Die Eltern des kleinen Edwin stellen im Laufe der Zeit fest, dass ihr Sohn auch deutlich Position gegen sie einnimmt. Der Vater, der ihn ermahnen will, wird mit Sprüchen wie »Welchen Fallgewinn hattest du denn heute?« abgetan. Die Mutter stellt eine Art Verachtung ihr gegenüber fest, die sie sich zu erklären versucht. Sie grübelt immer noch darüber nach, welche Schuld sie trägt, da ja der »Thetan« ihres Großvaters den Körper von Klein-Edwin ergriffen hat. Sie würde schon gern einmal darüber sprechen, auch mit ihrem Sohn. Aber das ist ihr laut Hubbard-Anweisung zur »Fall-Bewertung und Kinder« verboten. Diese Anweisung ist an alle gerichtet, die innerhalb von Scientology mit Kindern wie dem kleinen Edwin in Berührung kommen: alle Orgs, alle Missionen, alle Fallüberwacher und Auditoren, Eltern und Kindermädchen.

Der scientologische Konflikt, der die Mutter hin und wieder wegen ihres Großvaters plagt, ist somit gar nicht ihre Sache. Sie hat nichts damit zu tun und soll es auch nicht. Die Anweisung ist sehr deutlich:

> »Manchmal kann man beobachten, dass vor Kindern von Eltern oder anderen Bewertungen oder Abwertungen über ihren Fall oder ihre Identität gegeben werden. Das sollte nicht gemacht werden. (...) Wenn das Kind über seine eigene Identität oder seinen Fallzustand spekuliert, ist die korrekte Aktion, es dem Kind zu ermöglichen, dies für sich selbst herauszufinden. (...) Ein Kind hat seine eigene Beingness und seinen eigenen Fallzustand. Ganz individuell. Das Gleiche gilt für Personen jeden

Alters. Die Wahrheit wird sich ohnedies im Prozessing herausstellen. Überlassen Sie dies also dem Auditor.«

(Hubbard-Kommunikationsbüro [Hrsg.]:
Bulletin vom 4. Dezember 1985, East Grinstead 1985)

Edwins Mutter hält still und schaut zu, sie verspürt sogar auch ein Stück Erleichterung, denn beim »Auditing« wird Edwin erfahren, was mit ihm los ist, und dann werden die Probleme behoben sein. Außerdem ist sie sicher, dass alles in Ordnung ist, denn es ist nachlesbar und scientologisch zu erklären. Für alles eine klare Verhaltensdefinition in gedruckter Form zu finden, gibt Sicherheit.

»Beim Clearing von Kindern oder Erwachsenen geschieht es immer wieder, dass der Preclear *(PC, Bezeichnung in der Scientology für die Personen, die noch nicht den Status Clear erreicht haben, d. Verf.)* Stadien der Verbesserung durchläuft, die ihn auf der Tonskala *(Scientology-Begriff für eine Skala, die die Verhaltens-, Gefühls- und Denkfaktoren misst und sie auf einzelnen Stufen in Beziehung zueinander setzt, d. Verf.)* nach oben bringen und natürlich dazu führen, dass er die zweite Zone, Zorn, durchläuft. Ein Preclear kann seinen Eltern und anderen Übeltätern in seinem Engrammspeicher gegenüber wütend werden. Mit einer solchen Situation muss man rechnen. Sie ist ein natürliches Nebenprodukt der Therapie und lässt sich nicht vermeiden.«

(Hubbard, Lafayette Ronald: Das Clearing bei Kindern.
Aus: Die Zweite Dynamik, New Era Publications, Kopenhagen 1982)

Auch hier – und immer und immer wieder – die Worte, die deutlich machen, worum es Hubbard mit seiner Lehre ging: um Therapie. Alle Menschen sind psychisch krank und nur durch seine Technologie, durch seine Entwicklungen, können die »Thetane« genesen und die Menschheit gesund werden. Spätestens bei der Stufe »Clear« auf der individuell zu beschreitenden Brücke zur persönlichen Freiheit – nach vielen Kursen, Seminaren und Auditing-Sitzungen – wird dem Einzelnen klar, was mit seinen Mitmenschen nicht stimmt, speziell auch, wie krank seine Eltern waren oder sind.

Also besteht wirklich kein Grund, sich irgendwelche Gedanken um die Entwicklung des eigenen Kindes zu machen. Scientology ist da, und vor allem hat L. Ron Hubbard mit seinen »Forschungen« immer recht:

> »Immer wieder wird beobachtet, dass der gute Release *(Scientology-Begriff: Jemand, in dessen Verstand zwar noch schmerzhafte Erinnerungen vorhanden sind, der aber von dem Zwang befreit ist, auf ihrer Grundlage zu reagieren, d. Verf.)* und der Clear keinerlei Feindseligkeit gegenüber ihren Eltern oder anderen verspüren, die ihre Aberrationen verursacht haben, und dass sie sogar aufhören, so irrational abzustreiten, sich zu verteidigen und zu kämpfen. Gewiss wird der Clear für eine gute Sache kämpfen, und er wird der gefährlichste Gegenspieler sein, den es geben kann, aber er kämpft nicht aus irrationalen Gründen, wie das Tiere tun. (…) Schließlich hat der Clear die Quelle für die Aberrationen seiner Eltern genauso gut gelernt, wie für die seiner eigenen. Ihm ist klar, dass sie schon vor ihm Engrammbanken hatten.«
>
> (Hubbard, Clearing für Kinder a. a. O., S. 147f.)

Und so sind unserem inzwischen etwas älter gewordenen Edwin einige Erkenntnisse beim »Auditing« gekommen – auch wenn ihm der Status »Clear« noch nicht zugewiesen wurde. Vor allem über seine Mutter. Sein Auditor bestärkt Edwin darin, dass er wütend auf seine Mutter sein darf, so wütend, wie er nur möchte, und er darf ihr seine Wut ins Gesicht schleudern. Seine Mutter hat – wie beim »Auditing« festgestellt – mindestens einen AA hinter sich. Die Abkürzung AA sieht laut Technik-Wörterbuch von Scientology (Hubbard, Dianetics and Scientology Technical Dictionary, published by Church of Scientology, California 1978, S. 1) als Definition nur eine Möglichkeit vor: attempted abortion, Abtreibungsversuch.

Edwin hat auf seiner »Zeitspur« während einer Sitzung diese Erkenntnisse sammeln können. Der Abtreibungsversuch (oder die -versuche) seiner Mutter soll »Engramme« als störende Belastungen ausgelöst haben, mit denen er nun zu tun hat. Das reicht ihm aus, wütend zu werden.

Natürlich fragt er seine Mutter nicht, ob sie jemals an Abtreibung auch nur gedacht hat. Auch hinterfragt er nicht, ob sie diesen Versuch vergeblich unternommen hat, als sie mit ihm schwanger war. Er weiß die Antwort aus seiner »Auditing-Sitzung« …

Es ist stark davon auszugehen, dass es häufig und überall auf der Welt, wo Dianetik und Scientology an Kindern praktiziert werden, zu Konflikten zwischen Eltern und Kindern kommt. »Erkenntnisse« über »Fehlverhalten« von Mutter oder Vater erschließen sich dem Nachwuchs und stimmen entsprechend feindselig.

Warum sonst hätte L. Ron Hubbard unter anderem Folgendes formulieren sollen:

> »Nun kommt er nach Hause und seine Mutter sagt: ›Also, tritt dir die Füße ab, bevor du hereinkommst; deine Füße sind ganz schmutzig.‹ usw. Er gibt etwas wie ›Ach, kannst du nicht bitte still sein‹ zur Antwort, und darüber ist sie *(die Mutter, d. Verf.)* schockiert. In diesem Punkt besteht für den Dianetikauditor die Gefahr, dass man ihn beschuldigt, den Jungen seiner Familie zu entfremden (…).«
>
> (Hubbard, Lafayette Ronald: Forschung und Entdeckung Serie. Band 1, Kopenhagen 1954, S. 194)

Gerade die Technik des »Auditing«, also die Befragung durch eine andere Person, führt immer wieder dazu, dass Außenstehende Scientology und Gehirnwäsche in einem Atemzug nennen. Immer wieder steht auch der Vorwurf im Raum, die »Auditing-Befragungen« ähnelten oder glichen Hypnoseverfahren.

Da sich bisher die Scientology-Organisation stets geweigert hat, an unabhängigen wissenschaftlichen Verfahren wie z. B. des Bayerischen Staatsministeriums des Inneren oder der Enquête-Kommission des Deutschen Bundestages teilzunehmen, um diese Annahme zu widerlegen, kann man Antworten nur von dem ableiten, was über eine hypnoseähnliche Vorgehensweise geschrieben steht. Die Vorschläge für den Auditor im Buch Kinder-Dianetik, die darauf abzielen, das Kind in frühere Geschehnisse zurückzuführen, müssen sich wohl bei neutraler Betrachtung den Anschein der hypnoseähnlichen Technik gefallen lassen:

Auditor: Wie fühlst du dich? Sollen wir weitermachen?

Jimmy: Gut. Einverstanden.

Auditor: So, lass uns nun ein ganzes Stück bis vor deine Geburt zurückkehren, zum ersten Moment, als du dir deiner bewusst warst. Kehre ein ganzes Stück vor deine Geburt zurück. Wenn ich die Buchstaben A bis E sage und mit meinen Fingern schnippe, wirst du die ersten Worte hören. A-B-C-D-E (schnipp). Was hörst Du?

Jimmy: Nichts.

Auditor: Wenn ich die Buchstaben A bis E sage, wirst du die ersten Worte hören. A-B-C-D-E (schnipp). Was hörst du?

Jimmy: Nichts.

Auditor: Was geschieht?

Jimmy: Meine Mutter war draußen und ging spazieren. Sie geht ein paar Blocks weit, kehrt um und geht nach Hause.

Auditor: Nimm das Geschehnis am Beginn auf und gehe noch einmal hindurch.

Jimmy: Meine Mutter war draußen und ging spazieren.

Auditor: Was hörst Du?

Jimmy: Vorbeifahrende Autos.

Auditor: Was sagt deine Mutter?

Jimmy: Nichts.

Auditor: Was siehst du?

Jimmy: Nichts.

Auditor: Wie alt bist du?

Jimmy: Acht.

Auditor: Ja oder Nein. Sind es acht Tage?

Jimmy: Ja.

Auditor: Geh weiter.

Jimmy:	Mutter geht ein paar Häuserblocks weit, kehrt um und geht nach Hause.
Auditor:	Wie fühlst du dich? Fühlst du dich irgendwie unbehaglich?
Jimmy:	Ja, am ganzen Körper.
Auditor:	Wo bist du?
Jimmy:	Im Bauch meiner Mutter.
Auditor:	Beginne am Anfang.
(…)	

(Hubbard, Lafayette Ronald: Kinder-Dianetik, Kopenhagen 1983, S. 143)

Und so weiter und so fort. Zwischendurch findet sich für den das Buch Kinder-Dianetik »studierenden« Scientologen auf Seite 144 der Hinweis:

»In der vorgeburtlichen Periode gibt es keine Visio, wohl aber andere Wahrnehmungen.«

Bei dem kleinen Edwin kam wohl irgendwann eine scientologisch zu interpretierende »Wahrnehmung«, dass seine Mutter ihn abtreiben wollte.

Seitenlang wird in Kinder-Dianetik dieses Frage-und-Antwort-System dokumentiert. Wohlgemerkt als Beispiele dafür, in welcher Form mit Kindern auditiert werden soll. Und zwischendrin taucht immer wieder der Hinweis auf, dass der Auditor mit dem Buchstaben-Herunterzählen von A bis E und einem darauf folgenden Fingerschnippen mit Worten wie »Wenn ich die Buchstaben sage und mit meinem Finger schnippe, wirst du am Beginn des Geschehnisses sein« die nächste Runde der Sitzung einleitet.

Erwachsene haben nach diesen häufig stundenlangen Sitzungen berichtet, dass sie sich anschließend zum Teil orientierungslos fühlten, Gedächtnislücken hatten, sich in einer Art Trance-Zustand glaubten, ein Zustand, der jedoch von den Personen nicht als belastend empfunden wurde. Schwer zurückrufbar waren insbesondere die eigenen Antworten auf die Fragen des Auditors, obwohl diese doch eigentlich zum Ergebnis geführt haben dürften. Allerdings berichten fast alle Betroffenen auch, dass sie in diesen Sitzungen *etwas* über sich erfahren hätten, was sie später als Tatsache für sich verinnerlichen konnten. Bei Aussteigern löste sich jedoch viel später dieser »scientologische Erkenntniswert« in ein Nichts auf.

Konflikt 2

»Wer bei Scientology ist, befindet sich in einem raffiniert aufgebauten System. Man arbeitet von neun Uhr morgens bis Mitternacht und hat schon aus Zeitgründen keine Alternative.«

Ein Scientologe befinde sich in einer eigenen Welt, er verändere seine Persönlichkeit, werde zum Roboter. Dieses berichtet das Hamburger Abendblatt Nr. 172 im Juli 1992 auf Seite 14 über einen jungen Mann, der schon als Kind über seine Mutter in die Organisation geraten war. Seine Angaben werden in dem Artikel folgendermaßen dargestellt: Weil seine Mutter in der Sekte führend tätig war (und ist), sei er, »da langsam reingewachsen«, er habe als Zehnjähriger seinen ersten Kursus gemacht und natürlich gar nicht erfasst, worum es ging. Für ihn sei das »ganz natürlich« gewesen.

Hineingewachsen ins System ist inzwischen auch Edwin. Das Verhalten seiner scientologischen Umgebung und auch sein eigenes sind Norm. Da dieses ihn entsprechend denken und handeln lässt, sieht er sich immer wieder in einer Konfliktsituation – speziell immer dann, wenn die nicht-scientologische Außenwelt in sein Leben tritt. Besonders gravierend sind solche Konfliktsituationen nach allen Berichten immer dann, wenn es sich um nicht-scientologische Personen aus dem engeren Familienkreis handelt. So bei unserem Edwin zum Beispiel im Kontakt mit den Großeltern.

Die Großeltern, die immer einmal wieder – wie es seine Mutter ausdrückte und wie es für ihn inzwischen auch klar geworden ist – »gehandhabt« werden müssen, damit sie keinen Stress bereiten –, hatten ihn überraschend allein zu Hause am Abend angetroffen. Die Eltern waren wie üblich nicht vor Mitternacht zu erwarten, und Edwin hatte sogar etwas wie Freude empfunden, als Oma und Opa in der Haustür standen. Seine Großeltern hatten natürlich für ihn ein Geschenk dabei, Kleidung und neue Schuhe. Oma kommentierte das Geschenk dieses Mal nicht kritisch – wie sonst manchmal, z. B. dass seine Jacke vom Vorjahr natürlich schon viel zu klein war, von den Schuhen ganz zu schweigen. Etwas Süßes gab es auch, und dann die Frage, wie es in der Schule liefe. Edwin hat ihnen dann erzählt, dass er demnächst auf ein Internat in England wechseln würde. Dass er sich darauf schon sehr freue und viele Freunde von ihm schon dort seien. Die Großeltern schienen ihm auch nicht beunruhigt. Sie fragten nach, was das kosten würde und ob seine Eltern das denn finanzieren könnten. Klar, hatte er selbstbewusst gesagt, schließlich wusste er ja, dass seine Eltern gute Fortschritte machten und seine Mutter demnächst eine höhere Position einnehmen würde. Wie sollte er auch ahnen, dass sein Vater vor einiger Zeit Kontakt zu den Schwiegereltern aufgenommen und seine Unsicherheit und Sorge über sein Leben in der Scientology-Organisation mit ihnen besprochen hatte. Für Edwin waren seine Großeltern »Wogs« (Begriff aus Scientology für Nicht-Scientologen), die immer einmal wieder Stress verursachten und für einige Probleme im Fortkommen der scientologischen Familie auf der Brücke verantwortlich gemacht werden konnten. Aber an diesem Abend schien es ihm so, als könnte keine »PTS-Situation« (PTS = Potential Trouble Source/mögliche Schwierigkeitsquelle, Scientology-Begriff) für ihn daraus entstehen. Sie hatten auch dieses Mal keine »Entheta-Presse« (Scientology-Begriff für kritische Berichterstattung in der Presse) dabei, was schon häufiger vorgekommen war. Fast keimte in ihm die

Hoffnung auf, dass seine Großeltern auch endlich positiv mit Scientology umgehen wollten – aber das würde er klären können ...

Der Abend schien günstig, und er stellte sich schon seinen Triumph vor, wenn er mit seinen Großeltern in das Gebäude der Scientology eintreten und alle ihn bewundern und beklatschen würden für das, was er geleistet hatte.

Für ihn gab es also Hoffnung, Wege, sie zu interessieren und seine Hilfe anzubieten. Die Idee, die Edwin da entwickelte, basiert – wie kann es anders sein – auf dem Hubbard'schen Gedankengerüst, Menschen in Arten aufzugliedern. Schlicht und einfach in Gut und Böse. Um dieses deutlich zu machen, formulierte Hubbard in seinem entsprechenden Informationsbrief zur Erkennung der unterschiedlichen Arten folgende Formulierungen:

> »Selbst in den modernen Fernsehfilmen hat man die Cowboys mit den weißen Hüten und die Cowboys mit den schwarzen Hüten.«

In derselben Hubbard'schen Abhandlung wird es dann doch noch präziser:

> »Manche Denkrichtungen versuchten, den Punkt zu umgehen, indem sie sagten, die frühe Kindheit forme den Charakter. Andere Richtungen hingegen behaupteten, der Mensch sei immer böse, außer er würde persönlich bedroht, was uns das Vorhandensein von Polizei in der Gesellschaft beschert. Doch selbst die Polizei arbeitet manchmal auf der Grundlage, dass es gute und schlechte Menschen gibt.«

Im Text folgt das, was für Scientologen nach den Trainings logisch erscheint:

»Und es gibt keine anderen Arten. Es gibt tatsächlich nicht einmal Grauschattierungen.«

Denn, so schlussendlich:

»Die Cowboys mit den grauen Hüten sind zu krank, um beim Spiel mit dabei zu sein.«

(Alle Zitate aus: Hubbard-Kommunikationsbüro [Hrsg.]: Zwei Arten von Menschen. Informationsbrief, East Grinstead 2001)

So konnte Edwin an diesem Abend sicher sein, dass seine Großeltern nicht als »Cowboys mit grauen Hüten« galten. Er hatte die Hoffnung, sie doch noch überzeugen zu können, denn er hatte die entsprechende »Erkenntnis« verinnerlicht.

Gelernt hatte er ja inzwischen auch, wie man an die Art von Menschen herankommt, sie dazu bringen kann, mitzumachen. Mitzumachen bei der Gewinnung der Einsichten, dass jeder Mensch erst einmal ein »aberrierter Thetan« ist, der dianetischer und scientologischer Behandlung bedarf, um dann »gut« zu sein, wertvoll im Hier und Jetzt und in der Zukunft.

»Wie man Scientology an seine Freunde verkauft«, heißt die Überschrift der entsprechenden internen Anweisung an die Mitglieder der Organisation. Und so agiert Edwin bei der vermeintlich erkannten Chance bei den Großeltern: »Was hast du damals gefühlt, Opa, als du den Autounfall hattest, wer hat dir damals geholfen?«, eröffnete er das Ritual zum Gespräch.

Der Autounfall seines Großvaters war immer einmal erwähnt worden, weil sein Opa ab und zu noch Beschwerden im Knie hatte. Laut Anweisung ist ein »Button«, also ein »Knopf« bei seinem Gesprächspartner zu finden, den man »drücken« muss, um die Kommunikation zu eröffnen und – wenn möglich – Hilfe anzubieten. Edwin lächelte seinen Großvater verbindlich an und wartete darauf, dass dieser auf sein »Angebot« einging. Doch Opa reagierte eher irritiert: »Warum willst du jetzt über den Autounfall sprechen? Mich interessiert vielmehr, wann du in das englische Internat sollst?« Und genau das war natürlich nicht die Reaktion, die Edwin ermutigt hätte weiterzumachen, um den Großvater in die gewünschten »Kommunikationswege« zu führen. Im Gegenteil: Das, was danach kam, wird ihn in Kürze vor weitere Probleme stellen. Denn sein Großvater sagte einen entscheidenden Satz: »Dein Papa hat uns gebeten, heute Abend mal vorbeizuschauen und zu sehen, wie es dir geht. Und wir werden jetzt öfter mal kommen, oder du besuchst uns. Du solltest allerdings darüber mit deiner Mutter oder anderen noch nicht sprechen. Du weißt ja, dass wir mit deiner Mutter immer mal wieder Diskussionen haben, wegen eurer Geschichte in der Scientology. Versprichst du uns das? Und wir wollten dir noch sagen, dass, wenn du etwas besprechen möchtest, du immer zu uns kommen kannst – aber das weißt du ja auch, oder?«

Wie Edwin den Rest des Besuches überstanden hatte, wusste er später nicht mehr so genau, aber ausgerechnet seine Großeltern erwarteten von ihm, dass er über ein Gespräch nicht redete. Er verdrängte dies zunächst, doch holte ihn der Vorfall wieder ein – und zwar gar nicht viel später, in der Scientology-Organisation.

Die Organisation kennt zur Kontrolle ihrer Mitglieder die so genannten »Security (Sicherheits)-Checks«, die dazu da sind, eventuelle Probleme, die sich auf die gesamte Organisation auswirken können, schnell zu erkennen und ihnen dann entgegenzutreten. Insbesondere bei vom System eingestuften »Verfehlungen« treten die so genannten »Ethik-Maßnahmen« (Ethik bedeutet bei Scientology, Fremd- oder Gegenabsichten aus der Umgebung zu entfernen) in Kraft. Am bekanntesten sind die »Security-Checks« bei den Mitgliedern der Organisation – und damit auch bei Kindern. Sie werden vor Aufnahme in die »Elite-Einheit«, der »Sea-Organisation«, die Edwin nun bevorsteht, durchgeführt. Er sollte schließlich nach England, in das Internat.

Und genau dort holte ihn dieses Gespräch mit seinen Großeltern wieder ein. Wahrscheinlich nicht nur dieses Gespräch, denn in seiner bisherigen »Scientologen-Laufbahn« hatte es wahrscheinlich einiges gegeben, was ihn bei dem Sicherheits-Check und der Beantwortung der Fragen Schwierigkeiten machen wird.

Diese Sicherheits-Checks werden in der Regel ebenfalls am Hubbard-E-Meter durchgeführt, der insbesondere in diesen Fällen wohl als eine Art Lügendetektor fungiert. Die Liste der Fragen ist lang: 98 Fragen, auf die befriedigende Antworten zu geben sind. Falls dies nicht erreicht wird, wird die entsprechende Frage wiederholt. So lange, bis die Antwort stimmig und bekannt ist, was für die Organisation interessant ist.

Im einleitenden Satz schon wird klar gesagt: Die erste Frage ist die wichtigste. (Im Original: »The first question is the most potent.«) Und diese ist es denn auch, die Edwin sofort in Probleme stürzte:

1. What has somebody told you not to tell?
   (Was hat dir jemand gesagt, das du nicht erzählen sollst?)

Auch die Fragen 19 und 21 waren problematisch für ihn.

19. Do you have a secret?
    (Hast du ein Geheimnis?)

21. Have you ever done anything you were very much ashamed of?
    (Hast du irgendwann etwas getan, für das du dich geschämt hast?)

Die endlose Fragerei führt dann schließlich auch zu einer ganz speziellen Frage, die offensichtlich prüfen soll, wie sehr die scientologische Denkweise verinnerlicht ist. Es ist Frage 85:

85. Have you ever done anything wrong according to your own religion?
    (Hast du irgendwann etwas getan, das den Grundsätzen deiner Religion zufolge falsch war?)

(Hubbard Kommunikationsbüro [Hrsg.]:
Bulletin vom 21. September 1961, East Grinstead 1961,
in: http://www.ingo-heinemann.de/Scientology-Kinder.htm)

Diese Sicherheitsüberprüfung hatte Edwin beim ersten Mal nicht überstanden, also war es noch nicht so weit mit seiner Reise nach England. Aber seine Mutter hatte inzwischen die Alternative geregelt: das Scientology-Internat gleich hinter der deutschen Grenze in Dänemark.

Beruhigungspille Dänemark

Im scientologischen Elternhaus Edwins gibt es mal wieder etwas Ärger. Edwin war in der Schule morgens eingeschlafen und ist ein paar Tage gar nicht hingegangen. Seine Mutter liest den Brief der Schule, in dem sie gebeten wird vorbeizukommen. Jetzt muss irgendwie gehandelt werden. Als Erstes stellt sie ihren Sohn zur Rede und fragt ihn, ob er sich der Verantwortung nicht bewusst ist, die er hat. Edwin ist sich darüber klar, dass das so ist.

Außerdem haben die Großeltern wieder nachgefragt, wie es in der Schule so liefe. Auch dafür hat seine Mutter *ihn* verantwortlich gemacht. Aber zum Glück für ihn hat sich eine Lösung aufgetan, das Internat in Dänemark. Seine Mutter wird dort Lehrerin, und er kann dort zur Schule gehen. Ob Edwins Mutter überhaupt eine Ausbildung hat, die sie für ein Lehramt an einer Schule benötigt, wird nicht besprochen, nicht einmal gedacht. Edwin kommt auch gar nicht auf die Idee, dass es außer der Technologie Hubbards noch andere grundlegende Ausbildungen gibt. Warum auch, ist doch in der Organisation niemand, der offen in Frage stellt, was Hubbard zum Thema »Ausbildung« herausgefunden hat. Seine Erkenntnisse sind die Wahrheit, also wird niemand die folgenden Sätze hinterfragen:

> »Ausbildung hätte wie folgt definiert werden können: ›Ausbildung ist der Vorgang des Platzierens von Daten in die Rückrufe eines anderen‹. Sehen Sie das? Das war es, was man mit Ausbildung zu tun glaubte. Man dachte, man platziere Daten in die Rückrufe eines anderen und ermögliche ihm einen Rückruf von

Daten, die ihm vermittelt worden waren. (...) Nun verhält es sich so, dass wir uns mit Einfachem befassen; und dies ist das erste Mal, dass wir, was Einfachheit angeht, ein Haar in der Suppe finden – es ist eine idiotische Definition –, und das ist es, was sich zur Zeit in den Universitäten Yale, Princeton, Harvard und Columbia abspielt, oder hier unten auf der George-Washington Universität, oder in Oxford, Cambridge und an der Sorbonne – überall auf der Welt, wo die Leute sich als Spitzenexperten in Sachen Ausbildung betrachten – sie platzieren Ideen in den Rückruf anderer.«

(Hubbard-Kommunikationsbüro [Hrsg.]: Bulletin für professionelle Auditoren vom 15. April 1957, East Grinstead 1957)

Na, das ist ja mal eine klare Aussage zu den Zuständen an den Universitäten dieser Welt. Die Schlussfolgerung nach dem scientologischen Kauderwelsch kann natürlich für die trainierten Gehirne der Mitglieder nur sein: Die eigene Ausbildung und die der Kinder kann nur in die Hände der Hubbard'schen »Ausbilder« gelegt werden, und darum braucht es nach den entsprechenden Richtlinien eigene Schulen.

Auch Oma und Opa werden zufrieden sein. Denn die Großeltern haben sich den Erkenntnissen Hubbards erfolgreich verweigert und haben keine Ahnung, was in der Organisation an Ausbildung für ihren Enkel vorgesehen ist. Jedenfalls handelt es sich hier nicht um eine Ausbildung, die in ihrer eigenen Welt irgendeine Relevanz hätte.

Edwin hatte ein Telefongespräch seiner Mutter gehört, die ihren Eltern erklärt hat, dass Edwin in Dänemark einen richtigen deutschen Schulabschluss machen könne. Edwin beruhigt das, und er ist überzeugt, dass Oma und Opa nicht weiter über seinen Schulwechsel diskutieren würden. Und wirklich waren die Großeltern auch erst einmal zufrieden. So zufrieden, dass sie Edwins Mutter ein paar Tausend Euro gaben, damit der Enkel einen guten Start an der Schule in Dänemark hat. Wahrscheinlich, so ihre nicht-scientologischen Gedankengänge, braucht er ja Schulbücher und natürlich auch ein paar neue Sachen zum Anziehen. Übliche Gedanken von Großeltern eben, die ihrem Enkel den Start in einen neuen Abschnitt im schulischen Leben so angenehm wie möglich machen wollen.

Was sie nicht wissen, ist, dass Edwins Mutter unbedingt ein paar Kurse in Kopenhagen machen wollte und dafür das Geld ausgegeben hat. In Kopenhagen existiert eine »Advanced Organisation« von Scientology. Eine fortgeschrittene Org, der »Sea-Organisation« zugehörig, und bestimmte Kurse kann man zu einem entsprechenden Preis natürlich nur dort machen. Allerdings sollte auch die Schule in Dänemark Geld bekommen. Ein Einstieg mit Bargeld ist in jeder Scientology-Einrichtung kein schlechter Anfang.

Wie Edwins Großeltern ist es auch anderen Menschen schon passiert, dass sie nicht erkannten, dass es sich bei dem schulischen Angebot in Bjerndrup, gleich hinter der deutschen Grenze, nicht um eine in Deutschland anerkannte ausländische Schule handelt, sondern um eine Einrichtung von »Applied Scholastics«, einer Unterabteilung der scientologischen »Association for Better Living and Education« (ABLE). Diese Einheit ist zuständig für die »Bildungseinrichtungen« der Scientology-Organisation.

Der Internet-Auftritt und damit die Werbeseite in diesem Medium klingen auch ganz ansprechend:

> »Jedes Kind lernt, für seinen eigenen Fortschritt verantwortlich zu sein und selbstgesteckte Ziele zu erreichen.«

So wird eine als Grundschullehrerin bezeichnete Lehrkraft auf der Internet-Seite zitiert. Das klingt zumindest nach Förderung und Motivation der Kinder. Dass hier der scientologische Grundgedanke durchschimmert, dass jedes Wesen für sich verantwortlich ist und dieses nichts mit individueller Förderung zu tun hat, ist dem neutralen Betrachter dieser Seiten nicht klar.

Auf der Seite, die als Impressum gekennzeichnet ist, kann man das Logo von »Applied Scholastics« finden und auch den Namen L. Ron Hubbard. Doch das bringt ja nicht jeder sofort mit Scientology in Verbindung. Irgendwann wird dann auf die Studiermethode Hubbards hingewiesen und verkündet, dass man mit dieser Methode lernt, Hindernisse beim Lernen zu überwinden. Es wird nicht darauf hingewiesen, dass damit eine der zentralen Methoden von Scientology gemeint ist: Worte zu klären, Begriffe umzudefinieren und damit die Bedeutung, die in der Organisation gilt, zu erlernen.

(www.sischule.com, 30. 6. 2004)

Edwins Großeltern hat vor allem wohl überzeugt, dass angegeben ist, die »Mittlere Reife in Deutschland« erreichen zu können, die in dieser Form auch für ein Aufbaugymnasium qualifiziert. Das ist schlicht falsch. Auf die Absolventen dieses Internates wartet die scientologische Welt. Die Großeltern erkundigen sich allerdings nicht beim zuständigen Kultusministerium, ob die Schule anerkannt ist. Also geht Edwin nach Bjerndrup.

Untergebracht im Jungenflügel, hat er ziemlich schnell eine »Ethikmaßnahme« zu erdulden, und andere mit ihm: Für einen ganz alltäglichen Jungenstreich müssen die Kinder gemeinsam vor den »Ethikoffizieren« Rechenschaft ablegen. Auch untereinander ist nicht gerade davon zu sprechen, dass man mit gegenseitigem Respekt gemeinsam lernt. Ein kleiner Junge wird von den älteren, so sieht es Edwin, wirklich fast schon gequält. Er kommt gerade dazu, als zwei ältere Jungen ihn auf dem Boden festhalten, seinen Mund öffnen und hineinspucken. Eklig findet Edwin das und rät seinem Mitschüler, einen Bericht zu schreiben und abzuwarten, ob nicht die »Ethikoffizierin« einschreitet. Doch Edwin verfolgt den Vorfall nicht länger, denn er will sich nicht einmischen. Er erfährt nicht, was aus der Aktion geworden ist.

Nun herrscht zunächst einmal Ruhe an der Familienfront. Edwin ist unter seinesgleichen, und seine Mutter unterrichtet an derselben Schule. Er sieht sie nicht immer, aber öfter als in der Zeit vorher.

Wiedersehen in der Freizeit

Laut Werbung auf der Internet-Seite sollen die Kinder aus dem Internat in Dänemark alle drei Wochen ein Wochenende nach Hause fahren können. Ferien oder Freizeit bedeutete das für Edwin jedoch nicht. Denn auch am Wochenende ist die Rettung der Menschheit angezeigt. Also verbrachte er regelmäßig die »freien« Tage im Scientology-Gebäude und hat wie selbstverständlich »mitgeholfen«, also gearbeitet. Aber nicht nur das, irgendwann gab es Schulferien, und die Kinder durften eine Woche nach Hause. Doch Edwins Mutter schlägt vor, gemeinsam Freunde zu besuchen, die einen Ponyhof unterhalten. Klasse, denkt Edwin, das wird Spaß machen. Auch andere Kinder aus scientologischen Familien werden dort sein. Er kennt einige und freut sich auf die Tage mit den Pferden und den anderen Kindern. Doch auf dem Freizeithof angekommen, erlebt er dann eine kleine Überraschung. Der Junge, den er in seiner Klasse der staatlichen Grundschule vor dem Weggang nach Dänemark kennen gelernt hatte, ist auch auf dem Hof und erzählt ihm, dass die ganze Klasse zur Klassenfahrt dort war. Das habe ihm so gut gefallen, dass er noch einmal herkommen wollte. Edwin ist etwas erstaunt.

Die Erklärung dafür geht ihm erst später auf. Seine Mutter hatte – praktisch als Werbemaßnahme für den von Scientologen geführten Freizeithof – die Klassenlehrerin angesprochen und als Mutter eines ehemaligen Schülers angefragt, ob nicht eine Klassenfahrt auf einen nahe gelegenen Hof in Frage käme. Die Klassenlehrerin war ganz angetan von der Idee, denn die Schüler und besonders einige Schülerinnen schwärmten für Tiere. Auch der Junge, der neben Edwin in der Klasse gesessen hatte, war besonders begeistert, und mit ihm seine Eltern. Edwin hat ihm natürlich voller Euphorie von Dänemark erzählt. Und als sie dann gemeinsam mit allen (Scientologen-Kindern und anderen) ein Video mit dem Titel »Jugend für Menschenrechte« ansahen und darüber mit den älteren Kindern sprachen, war der Junge restlos hingerissen. Auch seine Eltern empfanden das Ganze als ein besonderes pädagogisches Konzept, das neben dem natürlichen Umgang mit Tieren auch noch politische Bildung förderte.

Was diese Eltern und ihr Sohn zu diesem Zeitpunkt natürlich nicht wussten, war, dass die Scientology-Organisation eine Werbekampagne ins Leben gerufen hatte, genau mit dem Titel »Jugend für Menschenrechte«: eine Aktion, um ganz gezielt junge Menschen anzusprechen. Ziel war, über das Video und die Gespräche – auch über die angebliche Verletzung von Menschenrechten in Deutschland – Interesse für *die* Organisation zu wecken, die sich damit befasst. Und unser Edwin funktioniert natürlich scientologisch und beherrscht auch die entsprechende Rhetorik. Sein ehemaliger Mitschüler versteht zwar nicht gleich alles, was Edwin ihm erzählt, aber er findet ihn nett und verabredet, mit ihm Kontakt zu halten.

Edwin erreicht dann noch, dass der Junge auch in das Internat in Dänemark möchte. Doch die Eltern erkundigen sich rechtzeitig gezielt über die dänische Schuleinrichtung und bekommen die Information, dass es sich nicht um eine in Deutschland anerkannte Schule handelt. Also scheitert der Versuch, den Jungen zu dieser scientologischen Einrichtung zu überreden. Aber immerhin, der Kontakt hat dazu geführt, dass diese Familie, nachdem sie später erfahren hat, dass auch der Hof quasi in scientologischer Hand ist, Scientology als nicht besonders schlimm empfindet. Es ist ihrem Sohn ja nichts passiert und sie selbst haben auch keine Nachteile erfahren. *Ein* scientologisches Ziel hat Edwin damit immerhin erreicht: ein paar Menschen davon zu überzeugen, dass Scientology eigentlich etwas ganz Harmloses ist. Und diese Meinung wird die Familie wohl auch in ihrem Bekannten- und Freundeskreis weitergeben.

Somit handelt unser kleiner Edwin, der die Außendarstellung der Organisation positiv stärkt, in ihrem Sinne. Jeder einzelne seiner Schritte bestätigt, dass Edwin schon mittendrin in der scientologischen Propaganda-Maschinerie ist. Und natürlich hat auch er seinen Bericht über die Gespräche und die Reaktionen des Kindes und der Eltern verfasst, was ihm durchaus positive Reaktionen im Scientology-Kreis eingebracht hat.

Wie viele Eltern und Kinder über derartige Aktionen in die Organisation gebracht werden, ist immer erst dann endgültig zu dokumentieren, wenn die Menschen darüber sprechen und sich von dem System gelöst haben.

Zarte Bande

An einem Wochenende gab es für Edwin eine besondere Überraschung. Am späten Samstagnachmittag brachte sein Vater eine Familie mit ihrem zwölfjährigen Mädchen mit. Auch sie waren Scientologen und wollten in der Stadt bleiben, um hier für die Organisation zu arbeiten. Edwin fand das Mädchen auf Anhieb sympathisch. Sie war nett und sah gut aus. Edwin war ganz begeistert.

Im Gebäude der Organisation lief man sich dann auch über den Weg. Edwins kleine Freundin hatte in der Stadt, aus der sie kamen, einen Kurs noch nicht abgeschlossen, was nun dringend nachgeholt werden musste.
Im Kursraum saßen sie zusammen. Zum wiederholten Mal hatte man bei Edwin diagnostiziert, dass er mit missverstandenen Worten zu kämpfen hatte – und anscheinend ging es seiner neuen Freundin nicht anders. Also saßen sich die beiden gegenüber und kneteten aus Knetmasse Worte.
Denn eines der grundlegenden Hindernisse, die Welt nach Hubbards Lehre zu verstehen, beruht darauf, dass grundsätzlich alles nicht richtig verstanden wird und daher Begriffe und Worte so zu erlernen sind, dass Missverständnisse nicht mehr auftreten. Die Entwicklung der eigenen, scientology-internen Sprache basiert genau auf dieser vorgegebenen Idee. Kommunikation und das Funktionieren des Systems sind nur möglich, indem »Scientology-Sprache« gelernt und verinnerlicht wird. Hubbard geht davon aus, dass jemand, der nicht über genügend scientologisches Sprachwissen verfügt, eher dazu neigt, zu »blowen« (Scientology-Begriff für »abhauen«, die Organisation verlassen.)

Also bleibt den Scientologen nichts anderes übrig, als sich mit den vorgegebenen Materialien »Der Studenten-Hat« (für Hut) auseinanderzusetzen, sie intensiv zu studieren. Denn jeder will das »Blow« verhindern.

> »Die Erscheinung des ›Blows‹ (Abhauen) stammt von diesem dritten Aspekt des Studierens: die missverstandene Definition oder die nichtbegriffene Definition, das undefinierte Wort. Das ist dasjenige, das das Blowen hervorbringt. (...) Dieses Hindernis der missverstandenen Definition ist sehr viel wichtiger. Diese Sache ist entscheidend für die Art und Weise, wie sich die menschlichen Beziehungen, der Mind und Fachgebiete aufbauen. (...) Es ist die Definition von Wörtern. Das missverstandene Wort.«
>
> (Hubbard, Lafayette Ronald: Der Studenten-Hat, Wortklärungs-Serie 3R, Hindernisse beim Studieren, New Era Publications, Kopenhagen 1984, S. 3)

Es ist also von elementarer Bedeutung, dass auch die Jüngsten schon keinerlei missverstandene Wörter in sich tragen. Schließlich soll vermieden werden, dass sie irgendwann auf die Idee kommen, die Organisation zu verlassen.

> »Jeder Teil des Minds und jeder Fachausdruck, jede Idee, jede Handlung oder Situation in der Scientology kann auf einem Knettisch demonstriert werden.«
>
> (Hubbard, Lafayette Ronald: Knettischarbeit in der Ausbildung, im Material: Der Studenten-Hat, a.a.O., S. 2)

Edwin saß nun im Kursraum und versuchte unermüdlich den Begriff »Mind« aus der Knetmasse herzustellen. Doch immer wieder, wenn er der Ansicht war, es geschafft zu haben, fand die Aufsichtsperson im Raum irgendetwas nicht stimmig. Irgendwann kam dann der Hinweis, den Edwin schon aus früheren Situationen kannte und der folgendermaßen beschrieben wird:

> »Es ist verhängnisvoll, über ein missverstandenes Wort oder Symbol hinwegzugehen oder ein missverstandenes Wort oder Symbol zu ignorieren, weil man einfach das, was man studiert, nicht verstehen wird.«
>
> (Hubbard, Lafayette Ronald: Wortklärungs-Serie 64RA, Das missverstandene Wort definiert, 30. Juli 1983, a.a.O., S. 7)

Endlich, endlich hatte Edwin es geschafft. Auch der so genannte »Check-out« ging problemlos. Schnell lief er seine neue Freundin suchen. Wo mochte sie nur stecken? Er wollte ihr doch unbedingt sagen, dass er wusste, welches hohe »ARK« (laut Hubbard das »magische Dreieck«, A steht für Affinität, R für Realität und K für Kommunikation) die beiden verbindet. Denn wenn alle drei Komponenten bei einer anderen Person passen, dann hat man ein gutes ARK, man versteht sich und erfüllt die Grundvoraussetzung für ein glückliches Zusammenleben.

Auf die Idee, dem jungen Mädchen einfach zu sagen: »Ich mag dich«, kam Edwin natürlich nicht. Aber das würde auch nicht reichen, denn er weiß, was Affinität bedeutet. Es ging hierbei nicht einfach darum, jemanden zu mögen, sondern um Folgendes:

»Affinität ist die harmonische Koexistenz von zwei Dingen oder zwei Teilen mit derselben Energie.«

(Hubbard, Lafayette Ronald: Scientology –
Eine neue Sicht des Lebens, Kopenhagen 1997, S. 30)

Doch wenig später erfuhr Edwins erste zarte Zuneigung zu einem Mädchen ein plötzliches Ende. Und das, obwohl die beiden sich jeden Tag sahen und Edwin sich ziemlich sicher war, dass seine »ARK-Empfindungen« auf der Gegenseite angekommen waren. Als er eines Tages nach Hause kam, empfing ihn seine Mutter mit vorwurfsvollen Blicken. Sie hatte Post bekommen. Irgendjemand meinte, festgestellt zu haben, dass Edwin nicht mehr die Fortschritte machte, die man von ihm erwartete. Seine Mutter sollte nun darlegen, was sie in der »2D-Angelegenheit« (scientologisch für Beziehung) ihres Sohnes zu tun gedenke. In dem Schreiben war die Rede von »großen Problemen bei Edwin«, weil durch seine Gedanken an die Freundin seine Aufmerksamkeit nachgelassen hatte. Der Vorwurf lautete, Edwin könne darüber nicht richtig kommunizieren.

Edwin wies diesen Vorwurf energisch zurück, doch spürte er selbst auch, dass er zu häufig an das Mädchen dachte und abgelenkt war. Auf den Vorwurf seiner Mutter: »Ich weiß nicht, welche Spiele du spielst«, erwiderte er heftig, dass sie sich um ihren eigenen Weg kümmern solle, denn er wisse schließlich, was los sei. Bevor es zu weiteren Problemen zwischen Mutter und Sohn und anderen involvierten Personen der Scientology-Organisation kam, löste sich das Problem von selbst: Die Familie mit der kleinen Tochter zog fort, in die USA. Edwin würde das Mädchen wohl nicht wiedersehen.

Worauf Edwin mit seiner Antwort in dieser Situation anspielte, war genau das, wonach er erzogen wurde. Seine Mutter hatte es wieder und wieder gelesen und selbst auch danach gehandelt:

> »Das Kind hat Ihnen gegenüber eine Pflicht. Es muss fähig sein, für Sie zu sorgen – nicht nur zum Schein, sondern wirklich, und Sie müssen die Geduld aufbringen, sich in unbeholfener Art betreuen zu lassen, bis das Kind es durch bloße Erfahrung, nicht durch Ihre Anweisungen, lernt, wie man es gut macht. Für das Kind sorgen? Unsinn. Es hat wahrscheinlich eine bessere Vorstellung von der unmittelbaren Situation, als Sie es haben.«
>
> (Hubbard, Lafayette Ronald: Scientology – Eine neue Sicht des Lebens, Kopenhagen 1997, S. 73)

Mutter ist stolz

Endlich, einige Zeit später, beim zweiten Versuch, hat es dann funktioniert. Edwin hat alle Sicherheitschecks geschafft, in England. In Saint Hill.

In der Nähe von London liegt das nach den Zentralen in den USA für die Scientology-Organisation bedeutendste Areal. Der Begriff »Saint Hill« ist etwas ganz Besonderes bei den Scientologen. Zum einen ist es die Abkürzung für das Scientology-Gelände in East Grinstead, Sussex, zum anderen aber bezeichnet es intern eine besondere Größe für andere Organisationseinheiten. In den Beschreibungen dieses für Scientologen beinahe anbetungswürdigen Ortes kommt die Ehrfurcht zum Ausdruck:

> »Ein Großteil dessen, was wir heute in Scientology haben – technisch und organisatorisch – ist ein Erbe der Scientology Kirche in Saint Hill in East Grinstead, Sussex. In den Jahren 1959 bis 1966, als L. Ron Hubbard hier gelebt hat, war sie Schauplatz einiger wesentlicher historischer Ereignisse der Scientology Religion. ›Es war in Saint Hill, wo unser Wachstum begann‹, schrieb L. Ron Hubbard später. ›Von hier wurden die oberen Säulen der Freiheit und Fähigkeit herausgegeben.‹«
>
> (Hubbard, Lafayette Ronald: Was ist Scientology? Kopenhagen 1998, S. 290)

Hat eine »Org«, also eine in Deutschland so bezeichnete »Kirche« eine bestimmte Größe erreicht (will heißen, sie bringt genug ein für die Gesamtorganisation), dann kann es passieren, dass dieser »Org« der Status »Saint Hill« verliehen wird.

Der verantwortliche Scientologe in dem jeweiligen Bereich wird dann natürlich besonders hervorgehoben und gefeiert. Doch welche internen Auszeichnungen und Rechte mit der so ausgezeichneten Saint Hill-Größe dann verbunden sind, das variiert in den Darstellungen etwas. Vielleicht kann man sich auf die Beschreibung in dem von der Organisation herausgegebenen Werk »Was ist Scientology?« verlassen. Danach wird in den Saint Hill-Einrichtungen neben den üblichen Angeboten eine höhere Auditorenausbildung ermöglicht, die von einer »Klasse V Org« (entspricht intern der so genannten Saint Hill-Größe) übernommen wird. Diese höhere Stufe bezeichnen die Scientologen als »Power-Prozessing«. Vor allem dürfen dort mindestens die Stationen erklommen werden, die bis zu den so genannten «OT-Stufen« führen. Gemäß Berichten von ehemaligen Scientologen werden auch dort nur bestimmte OT-Stufen möglich gemacht. Die Weg bis zum OT (Operierenden Thetan) ist der Wunschtraum vieler, wenn nicht aller aktiven Mitglieder der Organisation. (Ausführlich nachzulesen im »Schwarzbuch Scientology«). Entsprechend viele Scientologen streben also gerade nach den Kursen in England.

So ist es nur allzu verständlich, dass Edwins Mutter so etwas wie Stolz empfunden haben muss, als ihr Sohn bereits in jungen Jahren in das Allerheiligste, die »Sea-Org« in Saint Hill, aufgenommen werden sollte. Saint Hill gilt als Teil der Elite-Einheit der gesamten Organisation. Dort tätige Scientologen haben natürlich auch besondere Ansprüche zu erfüllen:

> »Die Kennzeichen eines jeden Mitglieds der Sea-Org sind Kompetenz und professionelle Teamarbeit, ganz gleich, wie vielfältig oder herausfordernd die zugewiesene Aufgabe auch sein mag. Neue Mitglieder werden einer gründlichen Ausbildung unter-

zogen, um ihre Fähigkeit zu steigern, ihre Umgebung zu konfrontieren und zu meistern.«

(Hubbard, Lafayette Ronald: Was ist Scientology? Kopenhagen 1998, S. 323)

So erfuhr auch Edwin bei seiner Ankunft in der »Sea-Org«, was auf ihn bei dieser besonderen gehobenen Ausbildung zukam. Ein nicht ganz unwesentliches Detail ist, dass die aufgenommenen »Sea-Org«-Mitglieder eine Art Arbeitsvertrag »für die nächsten Millionen Jahre« in der Organisation unterzeichnen. Die Vertragsverpflichtung sieht folgendermaßen aus:

»Auch wenn sie bindende Mitarbeiterversprechen eingehen und den Vorständen und Führungskräften der Kirchen unterstehen, in der sie tätig sind, ist das Ewigkeitsgelübde gegenüber der Scientology-Religion als Mitglied der Sea-Organisation eine grundlegende Voraussetzung für die Tätigkeit.«

(Hubbard, Lafayette Ronald: Was ist Scientology? Kopenhagen 1998, S. 323)

Die oben genannte »gründliche Ausbildung« für unseren neuen zwölfjährigen Mitarbeiter in England heißt »Estate Project Force« (EPF) und zeichnet sich dadurch aus, dass die in diesem Aufnahmeprojekt tätigen Mitglieder körperliche Arbeit verrichten müssen – nicht selten über 12 Stunden am Tag. Hubbards Schriften bezeichnen auch dieses als »Studium«. Darüber hinaus ist eine Einheitskleidung (zunächst ein Overall, dann nach Absolvierung des Aufnahmeprojektes die »Sea-Org«-Uniform) prägend für diese Elitetruppe.

Von dieser Zeit der Aufnahme gibt es aus allen der »Sea-Org« zuzurechnenden Einheiten ähnlich lautende Berichte, ob aus den USA, England oder Dänemark. Kinder und Jugendliche werden während der gesamten Zeit hart herangenommen. So erlebt auch Edwin z. B. das, was andere schon vor ihm mitgemacht haben. Aus seinem Kulturbeutel werden sein Deodorant, die parfümierte Seife und auch sein Duschgel entfernt. Grund: Wer parfümierte Produkte verwendet, hat wohl etwas zu verheimlichen. Hinter dem Schleier eines aufgelegten Duftes kann man anscheinend böses Gedankengut verbergen.

Edwins Tag beginnt früh. Er ist eingeteilt, eine Terrasse mitzubauen, also hat er Steine und auch schwere Müllsäcke zu tragen. Dagegen empfindet er die Arbeit im Garten, das Umgraben und Ähnliches eher als leichtere Aufgabe. Von der Beteiligung an einem Saunabau – wie von einer anderen Jugendlichen in den 90er-Jahren öffentlich in den deutschen Medien berichtet wurde – bleibt Edwin zunächst einmal verschont. Neben seiner körperlichen Arbeit und seinem weiteren »Studium« der Hubbard-Schriften hat er keine Zeit, über alles nachzudenken. Auch seine Unterbringung lässt keinen Raum für eine Privatsphäre. Mit ihm zusammen sind sieben weitere männliche Personen in einem Raum untergebracht, Etagenbetten stehen an der Wand, und jeder hat einen Spind für persönliche Sachen.

Für Edwin stellt es ein besonderes Problem dar, dass er nur einen Overall bekommen hat, den er – wie seine Mitbewohner auch – selbst waschen muss, und das täglich. Dieses kann er nur nachts erledigen, und so passiert es, dass Edwin manchmal morgens in den noch etwas feuchten Anzug schlüpfen muss. Auch das Essen ist nicht gerade das, was ihm schmeckt.

Morgens gibt es häufig fetttriefende Spiegeleier, mittags weiße Nudeln oder dicke Bohnen. Außerdem ist auch nicht immer sicher, dass es etwas gibt. Denn die bereits weiter fortgeschrittenen »Sea-Org«-Mitglieder, die schon die Uniform tragen, bekommen als Erste zu essen. Probleme bekommt Edwin auch, wenn er zur Toilette muss. Seine Zeit ist knapp, und er braucht die Genehmigung, um im Laufschritt (so ist es gefordert) eine Toilette aufzusuchen.

Endlich, nach sehr langen und anstrengenden acht Wochen, hat Edwin das »Estate Project Force« überstanden. Nach seiner »gründlichen Ausbildung« wird Edwin nun als Mitarbeiter eingeteilt und dem »Kommunikationsbüro« überstellt. Sein Tag beginnt immer noch sehr früh und auch der morgendliche Appell bleibt. Alle da? Antreten zum Nachzählen! Wenn jemand fehlt, wird er gesucht und bestraft.

Edwin will keine Probleme bekommen – und stumpft immer mehr ab. Er »funktioniert« hervorragend und bekommt die wichtige Aufgabe, mit ein paar anderen die Post zu kontrollieren und die Berichte der Mitarbeiter zu lesen und zu sortieren. Manchmal gibt es auch »Sondereinsätze«, etwa wenn sich scientologische Prominenz angekündigt hat. Dann müssen alle zusammen noch einmal eine Sonderschicht putzen …

Edwin scheint aber seine Sache richtig gut zu machen. Schon fast ein ganzes Jahr ist er nun in England. Der Schulbesuch ist ausgefallen, von Bildung keine Spur, doch Edwin funktioniert prächtig. Als junger Teenager wird er in der Kommunikationsabteilung befördert. Edwin ist sehr stolz auf sich. Auch seine Mutter, der er davon im Brief erzählt, ist stolz. Das scientologische Leben scheint wunderbar.

Mit Edwins »Beförderung« kommen weitere Aufgaben in der »Kommunikationsabteilung« auf ihn zu. Edwin erhält eine »Ethik-Order« mit vielen Fragen ausgehändigt, die zu beantworten sind. Er steht nun schon etwas strammer in seiner blauen Uniform, als er sie liest, denn diese »Ethik-Order Nr. 1422« kommt vom »Security Chief Saint Hill UK«, also vom Sicherheitschef direkt. Vielleicht fühlt sich Edwin ein bisschen so, wie Menschen in totalitären politischen Systemen stramm stehen, wenn der oberste Sicherheitschef für die Überprüfung von Genossen persönlich kommt.

Fett gedruckt steht in dieser Order, worum es geht:

»To get all Sea Org Staff winning on their posts and in life by application of standard Scientology Tech, Ethics and Admin.«
(Dafür zu sorgen, dass alle Mitarbeiter der »Sea-Org« auf ihren Posten und in ihrem Leben die Richtlinie der Scientology Technologie, der Ethik und Administration anwenden.)

Es handelt sich also um eine Kontrolle, ob die Mitglieder entsprechend funktionieren, mit dem Ziel, eventuelle Abweichungen festzustellen. Die 29 Fragen sind schriftlich zu beantworten, was natürlich eine Zeit dauert. Besonders Frage 3 hat es in sich:

3. Do you know of any crew or executives who were ineffective and did not get necessary orders complied to during production time but then had to stay up after hours to get this done? If so, say what the order was and give details of what happend?
(Hier soll angegeben werden, welche Mitarbeiter so ineffektiv ihre Aufträge erledigt haben, dass sie die »Produktionszeit« überschritten haben und ihre Arbeit erst Stunden später erle-

digt war. Außerdem soll angegeben werden, um welche Aufgabe es sich handelte und ob es Details zu berichten gibt.)

Es folgen weitere Fragen nach dem Verhalten anderer, die detailliert beantwortet werden müssen. So hat Edwin zu sagen, ob ihm bekannt ist, dass »falsche Berichte« gegeben wurden, über welche Situation auch immer, ob er davon erfahren habe, was genau gesagt wurde und von wem (Frage 13). In der 18. Frage schließlich geht es um irgendwelche Gerüchte/Gerede (rumors), die Edwin möglicherweise mitbekommen hat. Er soll den Inhalt des Gerüchts aufschreiben und natürlich auch, von wem er dieses alles gehört hat.

Die letzten für den Sicherheitschef interessanten Fragen beschäftigen sich dann mit eventuell »kritischen Geistern«. So die Frage Nr. 26:

> Do you know of any organisation or individuals who do not agree with Saint Hill, Dianetics, Scientology?
> *(Kennst du eine Organisation oder Personen, die mit Saint Hill, Dianetik oder Scientology nicht einverstanden sind?)*

Und in diese Frage tappt unser Edwin hinein, denn er überlegt lange und versucht, die Sache ein wenig zu umschreiben. Was er fürchtet, ist, dass inzwischen sein Vater weder mit Saint Hill noch mit Dianetik noch mit Scientology einverstanden ist. Edwin beantwortet die Frage schließlich doch mit »Nein«, denn er weiß es ja nicht wirklich… Er hat Respekt vor dem Sicherheitscheck am E-Meter und dem Auditor. Denn dass das E-Meter alle Gedanken lesen kann, ist für ihn schon lange selbstverständlich.

Dass Edwin mit der Beantwortung all dieser Fragen für den Sicherheitschef praktisch zum Spitzel ausgebildet wird, ist ihm völlig unklar. So gibt er Auskunft über seine mit ihm arbeitenden scientologischen Freunde, aber auch über die in Saint Hill für Kurse eingeschriebenen so genannten »publics« (gemeint sind die Nicht-Scientologen). Und so gelangt er schließlich zur letzten Frage, Frage 29:

> 29. Are there any other points that you would like to communicate?
> *(Gibt es noch andere Punkte, über die du kommunizieren möchtest?)*
>
> (Alle Fragen zitiert aus: Sea-Organisation, CLO UK Ethics Order 1422 vom 8. Januar 1996)

Edwin hat Pflichtbewusstsein gelernt und macht in seiner Antwort auf diese Frage seinem Ärger über einen neunjährigen Jungen Luft, der ihm mit seinem ewigen Weinen schon länger aufgefallen ist. Was mit diesem Kind, das immer weint, anschließend passiert, ist Edwin allerdings egal. Er registriert lediglich, dass der kleine Junge sich nicht mehr in seiner Nähe aufhält.

Vorbilder

Es gab Kinder und Jugendliche in der »Sea-Org«, von denen man hörte, dass sie etwas ganz Besonderes seien. Nicht nur Edwin traute sich bei Begegnungen mit ihnen nicht, sie anzusprechen, nicht einmal dann, wenn sie wesentlich jünger waren als er selbst. Einer seiner Zimmergenossen hatte ihm fast ehrfurchtsvoll erzählt, dass ein Junge bei CMO ist. Ja, Edwin verstand. Dieser Junge würde demnächst in die USA gehen, endgültig zur CMO. Manchmal war er etwas neidisch, denn er wünschte sich, ebenso respektvoll behandelt zu werden. Und außerdem in die USA ... ins »Zentrum«. Davon träumte er manchmal, denn es wurde doch immer wieder leise und hinter vorgehaltener Hand darüber gesprochen, dass dort in den Sea-Org-Abteilungen in Clearwater/Florida oder in Los Angeles die endgültige Ausbildung für Führungskräfte stattfinde.

Das, wovon Edwin und seine Zimmergenossen träumten, hat in der Scientology-Organisation einen besonderen Status: die »Commodore's Messenger Org International«, abgekürzt CMO. Die Bedeutung dieser Einheit wird in der offiziellen Darstellung der Organisation beschrieben, allerdings ohne den Zusatz, dass für diese Einheit auch Kinder und Jugendliche angeworben werden.

> »Die CMO ist der Durchsetzungs- und Ausführungszweig des Watchdog-Comittees (WDC) *(nach eigenen Angaben der Scientology die höchste ekklesiastische Autorität, d. Verf.)*. Wenn das WDC einer Managementgruppe eine Anweisung gibt, dann verifiziert die CMO, während man von der Gruppe erwar-

tet, dass sie sie befolgt, die Tatsache, dass Befolgung geleistet wird. (…) Die CMO Gruppen bilden ein paralleles Netzwerk, das von den Management Linien autonom ist. Es berichtet dem Watchdog Committee und setzt dessen Anordnungen durch, so dass der Zweck WDC erfüllt wird, nämlich Management Gruppen aufzubauen und dafür zu sorgen, dass sie managen.«

(Church of Scientology International [Hrsg.]:
Die Führungskanäle der Scientology, Clearwater 1988, Seite 10)

Das Landesamt für Verfassungsschutz Baden-Württemberg beschreibt die CMO folgendermaßen:

»Die ›Commodore Messengers Org‹ (CMO) ist eine Art Kadettenanstalt in den USA, in der Kinder und Jugendliche auf künftige Führungsaufgaben vorbereitet werden. (…) Hinweisen zufolge versuchten ›Sea-Org Recruiters‹ auch schon in Baden-Württemberg, jugendliche Scientologen anzuwerben.«

(http://www.verfassungsschutz-bw.de/so/start_so.htm)

Diese »Kadettenschule« wurde von Hubbard, als er die »Sea-Org« kreierte (dazu ausführlich im »Schwarzbuch Scientology«), installiert. Und für die Kinder gab es besondere Definitionen. Der entsprechende »FLAG-Befehl 760« aus dem Jahr 1968 ist deshalb so von Bedeutung, weil er speziell auf Kinder zugeschnitten ist. Dort heißt es:

»Jedes Kind, das seinen Prüfbogen Mannschaftsstatus II, Vollmatrose oder Maschinenraum, erfolgreich erledigt hat und einen Posten in der Sea-Org und gute Ethik-Aufzeichnungen vorweisen kann, wird ab jetzt nicht mehr allgemein als ›Kind‹ bezeichnet, sondern als ›KADETT‹.«

Wenn diese Anweisung auch für die Gründungszeit auf Schiffen steht, und die »Sea-Org« längst an Land gegangen ist, drückt diese Anweisung doch aus, dass Kinder nichts anderes als Arbeiter sind. Sie haben ihren »Posten« zu erfüllen.

Edwin und seine jugendlichen Mitstreiter in England haben möglicherweise besondere Ehrfurcht vor der CMO, weil der jetzige Boss der Scientology-Organisation, David Miscavigce, in der CMO angefangen hat. Ursprünglich wurden in der CMO – so die Geschichte dazu – die dortigen Kinder und Jugendlichen als Boten für Nachrichten zwischen L. Ron Hubbard auf den Schiffen und der scientologischen Landbevölkerung eingesetzt. David Miscavigce und sein Bruder Ron sollen zwei dieser Boten gewesen sein. Es ist denkbar, dass Hubbard ab einem gewissen Zeitpunkt nur noch Kindern als Botschafter vertraute.

Wie auch immer, aus diesen Botendiensten ist im Laufe der Zeit die höchste Instanz der Organisation geworden, und Kinder sind nach wie vor erwünscht, für welche Tätigkeiten auch immer. Dass diese Geschichte der Entwicklung der CMO stimmig ist, kann man auch den offiziellen Blättern der Organisation entnehmen.

»Die Commodore's Messenger Org (CMO) verdiente sich ihren Namen auf dem Flaggschiff Apollo, wo ihre ursprünglichen Mitglieder als Boten für L. Ron Hubbard, den Kommodore der Seeorganisation, tätig waren.«

(Church of Scientology International [Hrsg.]:
Die Führungskanäle der Scientology, Clearwater 1988, S. 10)

Sollte die Geschichte von David Miscavigce so stimmen – und es gibt eigentlich niemanden, der bisher daran gezweifelt hat –, kann man die Karriere vom Botenjungen zum Nachfolger von L. Ron Hubbard als die scientologische Variante der Umsetzung des amerikanischen Traums bezeichnen. Er hatte zwar nicht als Tellerwäscher angefangen, aber so spitzfindig muss man ja auch nicht sein.

Über die Zustände in den Einrichtungen der »Sea-Org« speziell für Kinder und Jugendliche wird immer erst dann etwas bekannt, wenn Menschen ein Ausstieg gelingt. Viele Geschichten dazu sind bereits dokumentiert. So liefert das Internet zum Beispiel den erschütternden Bericht einer Mutter, die durch Anwerbung der bereits erwähnten »FLAG-Recruiter« mit ihren Kindern in die amerikanische Abteilung der »Sea-Org« ging. Als überzeugte Scientologin war sie zu dem Zeitpunkt wahrscheinlich der Auffassung, nur das Beste für ihre Kinder zu tun. Nach ihrem Weggang schildert sie, was ihr passierte:

> »Meine Kinder wurden mir trotz meiner Proteste weggenommen und in der Cadet Org mehrere Blöcke weiter untergebracht. Die Versprechen einer wundervollen Umgebung – der ethischsten auf dem Planeten – waren Lügen. Das Slum in meiner Heimatstadt kam den schlimmen Bedingungen, denen wir in Scientology ausgesetzt waren, nicht einmal nahe. Meine Kinder waren schmutzig gehalten – ihre Spielsachen und Kleider

wurden in der Cadet Org verteilt. Niemand besaß etwas. (...) Den Kindern wurde adäquate Liebe und Lebensorientierung vorenthalten. Anstatt dessen wurden ihnen Hubbards banale Phrasen gegeben, um sich im Leben zu orientieren. Sie wurden niemals unterrichtet, über einen ›Hubbardismus‹ hinaus zu denken oder zu folgen.«

(http://www.ilsehruby.at/YolandaHowellgerman.html)

Aus dem »Mekka« der Organisaton in Florida, Clearwater, der so genannten »Land-Base« der »Sea-Org«, Bezeichnung FLAG, sind ebenfalls Berichte nachzulesen, die von der Organisation nicht dementiert werden:

»Ich war vom dreizehnten bis zum achtzehnten Lebensjahr bei Scientology. (...) Ich erhielt keine Schulbildung, und in Wirklichkeit waren in Florida nachgeahmte Klassenzimmer eingerichtet, um den Vertretern der Schulbehörden zu zeigen, dass Unterricht stattfand. Scientology verheimlichte auch den Zustand der Unterkünfte in Ford Harrison *(Gebäude von FLAG, d. Verf.)*, um zu verhindern, dass die Beamten der Brand- und Gesundheitsbehörden von Clearwater erfuhren, dass wir auf dem Fußboden in Gängen und Speicherbereichen lebten und schliefen, manchmal ohne Matratze.«

(http://www.ingo-heinemann.de/Scientology-Kinder.htm)

Oder ein weiterer, bisher nicht angegriffener Bericht, der die Zustände in dieser »so fortschrittlichen« Organisation im freien Amerika schildert, dieses Mal wieder in Los Angeles:

»Scientology steckte mich in die ›Cadet Organisation‹ (Kadettenorganisation) mit Dorothy Jefferson an der Spitze und mit Sitz in Los Angeles (…) Diese bestand aus zwei dreistöckigen Gebäuden, in denen etwa 400 Kinder *(anzunehmen, dass auch Kinder aus Europa dabei waren, d. Verf.)* untergebracht waren. Ziel der ›Cadet Organisation‹ war die Unterrichtung der Kinder in Scientology. Meine Aufgabe war es, die Kinder zu pflegen, sie sauber zu halten und ihnen Essen zu geben. Ich und ein anderes Mädchen gleichen Alters (13 Jahre) waren die zwei ältesten Kinder in der ›Cadet Organisation‹. Die Unterkünfte waren verwahrlost. Die Glasscherben der zerbrochenen Scheiben waren über den Boden zerstreut. Unter Spannung stehende elektrische Leitungen waren an Stellen freigelegt, an denen kleine Kinder spielten. Wir erhielten wenig Nahrung. Bei mehreren Gelegenheiten wurde den Kindern verdorbene Milch mit Maden darin gegeben. Bevor die Milch verteilt wurde, wurden die Maden mit der Hand herausgeholt. Zusätzlich zur Pflege der Kinder hatte ich täglich die Toiletten zu reinigen. (…) Den Kindern war es nicht erlaubt, bei ihren Eltern zu leben.«

(http://www.ingo-heinemann.de/Scientology-Kinder.htm)

Von diesen Zuständen weiß Edwin natürlich nichts, und würde er davon hören, würde er es nicht glauben. Für ihn sind dies alles nur Lügen, um Scientology in schlechtes Licht zu rücken. Da unterscheidet sich ein scientologisches Kind oder ein Jugendlicher nicht von den Erwachsenen in der Organisation.

Aufgefallen sind Edwin in seiner Zeit in England hin und wieder Personen, Erwachsene und auch Kinder, die mit dunklen Overalls bekleidet ein Zeichen unterschiedlicher Farbe am Ärmel haben, sich immer im Laufschritt bewegen und mit niemandem sprechen. Gewundert hat er sich nicht, gefragt, wer das ist, auch nicht. Man hatte ihm kurz mitgeteilt, dass diese Menschen damit beschäftigt waren, sich zu rehabilitieren. Mit ihnen Kontakt aufzunehmen, das war ohnehin verboten. Zudem war Edwin vollkommen klar, dass solche Maßnahmen zur Rehabilitation ihre Richtigkeit hatten: Wieder zur Einsicht zu kommen über die wahren Ziele und den Weg dorthin, ist ja etwas völlig Normales, oder?

Das »Rehabilitation Project Force« (RPF) ist eine weitere Spezialität der Eliteeinheit. Und da für Kinder dieselben Bedingungen gelten wie für Erwachsene, ist für sie natürlich auch das Bestrafungssystem identisch.

Am Rande sei hier bemerkt, dass Hubbard sich im Buch Kinder-Dianetik selbstverständlich auch dazu geäußert hat, wie Eltern zu Hause ihre Kinder bestrafen sollen.

> »Wenn es notwendig wird, ein Kind zu bestrafen, dann machen Sie es nicht so, dass sie schimpfen, das Kind schlagen und dann noch weiter schimpfen. Erklären Sie dem Kind den Grund für die Bestrafung in einfacher, direkter Sprache und verabreichen Sie dann die Bestrafung unter absolutem Schweigen.«
>
> (Hubbard, Lafayette Ronald: Kinder-Dianetik, Kopenhagen 1983, Seite 41)

Da Bestrafungen (nach Hubbard sind Scientologen die Einzigen, die bestrafen dürfen) zum System gehören, sind die Rehabilitierungslager natürlich auch für Kinder da.

Auch über die Kinder im RPF, ob aus Dänemark, England oder vor allem aus den USA, ist immer einmal wieder berichtet worden. Die ersten Berichte über dieses von Aussteigern bezeichnete »Straflager« gibt es von den Schiffen – erst später auch von den »Sea-Org«-Einrichtungen an Land.

> »Zwei Erwachsene, die im RPF auf der Apollo waren, berichteten, sie hätten von einem noch nicht zehn Jahre alten Kind gewusst, das das Programm ableistete. Monica Pignotti sagte aus, ein zwölfjähriges Mädchen sei in derselben Zeit wie sie im RPF gewesen. (Kent-Interview 1997) Desgleichen schilderte Dale, er hätte ein elfjähriges Mädchen (das er kannte) im RPF der Apollo gesehen, nachdem er selber dort im RPF war (Kent-Interview mit Dale, 1997). Eine zusätzliche Schilderung über ein Kind im RPF kam von Pat, die darauf beharrte, sie kenne ein sechsjähriges Kind (dessen Namen sie angab), das in das Programm in Los Angeles aufgenommen wurde, weil es »Out 2-D« sei – der Scientology-Ausdruck entweder für sexuelle Probleme oder Schwierigkeiten in der Familie (Kent-Interview mit Pat, 1997).«
>
> (Gehirnwäsche im Rehabilitaton Project Force (RPF) der Scientology-Organisation, Hamburg 2000, S. 46)

Diese dokumentierten Aussagen können als Beleg dafür gelten, dass es genau diese Strafmaßnahmen gibt. Dass es immer schwierig war und ist, von außen mehr Einblick gerade in die Vorgänge der »Sea-Org« zu bekommen, ist bei der Abschottungspolitik der Organisation nur allzu verständlich. Die trainierten Gehirne der Mitglieder – und das ist das wirklich Erschreckende – nehmen die Vorgänge nicht einfach nur hin, sondern sehen sie als völlig normal an. Wie soll man sonst den folgenden dokumentierten Bericht eines Mitarbeiters der »Cadet Org« werten, der einiges zu Papier gebracht hat, was ausgewertet werden konnte:

»[der entsprechende Mitarbeiter] schrieb, es gäbe ›verschiedene‹ Kadetten und ›abgehauene‹ Kadetten *(d. h. Ausreißer, die Verf.)*, die in das Kinder-RPF gehören. Während die meisten der Kadetten sich besserten und ›produktiv‹ seien, gäbe es einen sehr kleinen Prozentsatz von Unruhe- und Störungsquellen, die die Bemühungen sabotierten, die Dinge in Ordnung zu bringen. (…) Um es zusammenzufassen: Einige der Kinder in der Cadet Org zeigten solche Störungen, dass sie davonliefen, und ein offensichtlich gestörter Jugendlicher hat sich selbst verstümmelt. [Seine] Reaktion bestand allerdings darin, dass er riet, den Jungen im Kinder-RPF-Programm streng zu überwachen, nicht jedoch die Empfehlung professioneller Beratung oder anderer professioneller Hilfe für ihn.«

(Gehirnwäsche im RPF, a. a. O., S. 47)

Nicht nur während der aktiven Zeit in der Organisation, sondern auch häufig danach haben viele Personen über einen langen Zeitraum kein Bewusstsein für das Unrecht, das dort Kindern und Jugendlichen geschieht. Es braucht Zeit in der realen Welt, um die übernommenen Maßstäbe in Denken und Verhalten wieder abzulegen. Es ist davon auszugehen, dass es einigen Aussteigern nie gelingen wird.

Abschließend sei gesagt, dass bei der Auswertung der Schriften und Aussagen von ehemaligen Mitgliedern zum Thema »Sea-Org« (und damit der formulierten Bedeutung für die Gesamtorganisation) keine Verwunderung darüber bestehen kann, dass Hubbard für kritische und ungehorsame Mitglieder besondere Strafen vorsah. Strafen, mit denen sich diese »rehabilitieren« können. Wer also aus scientologischer Sicht einen Fehler gemacht hat, soll wieder auf den rechten ideologischen

Kurs gebracht werden. Demnach ist das von Hubbard geschaffene und nach wie vor existente RPF seiner Natur nach offenbar nichts anderes als ein »education camp«, ein Erziehungslager, wie es von totalitären Systemen bekannt ist.

Der Unterdrücker

Extremsituationen gibt es für Kinder immer dann, wenn sich die Eltern trennen wollen. So gibt es viele Berichte von gescheiterten Beziehungen, neuen Partnern und jeder Menge Patchwork-Familien aus der Scientology-Organisation. Aber das ist natürlich zunächst einmal nichts Außergewöhnliches. Solange sich die »Partnertauschbörse« innerhalb der Organisation abspielt und keine Probleme nach außen dringen, ist für die betroffenen Personen alles relativ »regelbar«.

Wenn es sich um die neue Beziehung zu einer Person innerhalb der Organisation handelt, ist es natürlich nicht gleichgültig, wer das im Einzelnen ist. Vertraulich bleibt ohnehin nichts – wie auch? Es gibt ja »Fallüberwacher« und »Ethikoffiziere«. So kann man davon ausgehen, dass es viele »Wissensberichte« gibt, in denen es um eine Schuldanerkenntnis auf der so genannten »Zweiten Dynamik«, der Ehe- und Sex-Dynamik, geht. Scientologisch ausgedrückt wird der entsprechende Ehebrecher oder die Ehebrecherin irgendwann formulieren, dass sie eine »Out 2-D« begangen hat, also eine außereheliche Beziehung eingegangen ist.

Natürlich bietet die Organisation auch Eheberatung an, das »Ehehandling«. Die »Sünder« werden befragt, und häufig spielt das Verfahren nach der Suche der »dritten Partei« eine Rolle: Wer hat die Situation verschuldet?

Diese »dritte Partei« gibt es jedoch nicht ausschließlich zu diesem Thema, denn Konflikte und Streitigkeiten jeder Art – selbst zwischen Nationen – haben nach L. Ron Hubbard immer eine zu enthüllende »dritte Partei«.

»Gewalttätigkeit und Konflikt zwischen Einzelpersonen und Nationen haben jahrhundertelang unter uns geherrscht und deren Ursachen blieben ein vollständiges Rätsel – ein Rätsel, das in Scientology endlich gelöst worden ist.«

(Hubbard, Lafayette Ronald: Das Scientology-Handbuch, Kopenhagen 1994, S. 305)

So einfach könnte die Welt sein. Allerdings funktioniert das natürlich nur, wenn die in Scientology speziell zu diesem Thema vorgesehenen Übungen und Kurse gemacht werden. Dann, ja dann ist kein Konflikt unlösbar.

Die von Trennung oder außerehelichen Beziehungen betroffenen Kinder müssen sich in der Regel damit abfinden, was in ihrer Familie passiert. Schließlich sind sie ja für sich allein verantwortlich. Ändern kann sich das dann, wenn bei der Klärung der innerfamiliären Angelegenheiten herauskommt, dass das Kind für die Probleme der Eltern mit verantwortlich gemacht werden kann.

Das Gesetz der »dritten Partei« macht also im Zweifel vor niemandem halt, und auf der Zeitspur des »Thetan« wird sich immer etwas finden lassen, was mit in die Situation passt. Doch solange sich das Ganze innerhalb des Gesamtsystems abspielt, wird nicht publik, wer in welcher Weise unter der Situation zu Recht oder zu Unrecht gelitten hat. Alles ist geregelt, alle sind zufrieden, es gibt keine weiteren Diskussionen mehr.

Anders stellt sich die Situation dann dar, wenn die nicht-scientologische Welt involviert ist. Dann hilft auch das Naturgesetz der »dritten Partei« nur noch bedingt. Andere Maßnahmen sind angezeigt. Für die Außenwelt wird der Konflikt, wenn ein Ehepartner nicht damit einverstanden ist, dass der Partner nicht bei Scientology mitmachen möchte, als »völlig normal« geschildert. Unter der Überschrift »Die Teilnahme an Scientology-Ausbildung, während man mit jemandem in Verbindung steht, der spiritueller Verbesserung ablehnend gegenübersteht« kommt zum Ausdruck: Der ablehnende Ehepartner würde den anderen daran hindern wollen, den eigenen Weg zur Verbesserung seiner Lebenssituation zu finden und zu verändern. Und natürlich findet sich eine eingängige Beschreibung für die Außenwelt, die deutlich machen soll, welch fortschrittliche Organisation sich da um die Situation des Einzelnen bemüht.

> »Nehmen wir an, eine Ehefrau ist unglücklich darüber, nur Hausfrau zu sein, sie möchte selbst Karriere machen und ihre Fähigkeiten einsetzen. (...) Sie wird Mitglied der Scientology-Kirche, beginnt mit ihrer Scientology-Ausbildung und ihrem Auditing und wird als Ergebnis ihrer spirituellen Befreiung stärker und selbstsicherer. Der Mann, der ihren Fortschritt als Bedrohung seiner eigenen Pläne und seiner Bequemlichkeiten sieht, droht der Frau, sich scheiden zu lassen und sie finanziell nicht mehr zu unterstützen *(das kann allerdings dann mit Scientology schwierig werden, d. Verf.)*, wenn sie nicht aus der Kirche austritt. (...) Glücklicherweise gibt es in Scientology einen exakten Weg, um diese Situation zu lösen.«
>
> (New Era Publications, Was ist Scientology?, Kopenhagen 1998, S. 219)

Diesen Weg gibt es: Er nennt sich »PTS/SP-Kurs«. Der Titel des entsprechenden Kursmaterials sagt schon aus, was darin zu finden ist: »Wie man Unterdrückung konfrontiert und zerschlägt«. Unterdrückung ist das Wort, das den Weg der Person, die eine »Ausbildung« macht, behindert und dadurch das System Scientology nicht weiter expandieren lässt. Mit diesem Kurs soll also herausgefunden werden, wer speziell dem Weg zum funktionierenden Wesen in der Organisation entgegensteht. Und wenn dieser dann gefunden ist, muss etwas passieren. Das kann natürlich auch den Ehemann oder die Ehefrau betreffen – nachlesbar im Kursmaterial unter der Überschrift: »Wie man die Verbindung abbricht«. Als Beispiel, wann solche Trennungen opportun sind, wird Folgendes geschildert:

> »Beispiel: Nehmen wir an, der PC *(Pre-Clear, der in Scientology-»Ausbildung« Befindliche, d. Verf.)* steht mit einer Person oder Gruppe in Verbindung, die von HCO (Hubbard Communication Office) in einer veröffentlichten Ethik-Anordnung als unterdrückerisch erklärt worden ist. Er sollte die Verbindung abbrechen.«
>
> (PTS/SP Kurs. Kopenhagen 2001, S. 245)

So ist die offizielle Erklärung zur unterdrückerischen Person eine Erklärung darüber, wer Gegner des Systems ist. Mit dieser Erkenntnis ist unweigerlich eine Trennung verbunden.

Damit auch kein Zweifel besteht, dass die entsprechende Person den Kontaktabbruch wirklich zu vollziehen hat, wird im Kursmaterial noch einmal deutlich darauf hingewiesen, dass die Person aufgrund ihrer Schwierigkeiten mit »Unterdrückern« selbst als eine potentielle Schwierigkeitsquelle (potential trouble source, PTS) gilt. Hiermit erschwert sie zusätzlich selbst den Weg in Scientology, und nicht nur das, die Gegenkräfte, die unterdrückerischen Personen, werden gar gefördert, wenn die Trennung nicht vollzogen wird:

> »Darin zu versagen oder sich zu weigern. die Verbindung mit einer unterdrückerischen Person abzubrechen, versagt der PTS-Person nicht nur den Fallgewinn, sondern es unterstützt auch den Unterdrücker – dies ist in sich selbst eine unterdrückerische Handlung und muss als solche bezeichnet werden.«
>
> (PTS/SP Kurs, Kopenhagen 2001, S. 246)

Wer also den Richtlinien gemäß die Trennung von der geliebten Person nicht einsehen will, der wird schnell selbst zum Gegner, zum »Unterdrücker«, was dann von anderen Mitgliedern der Organisation die Trennung wiederum von dieser Person zur Folge hat. Der Druck durch derartige Verhaltensregeln ist verständlicherweise sehr groß. Die Angst vor Ausgrenzung und Isolation im sozialen Umfeld lässt sicherlich viele eher die Trennung vollziehen. Besonders gravierend sind solche Verhaltensmuster immer dann, wenn die gesamte Familie bei Scientology aktiv ist.

Und genau in diese Situation gelangt Edwins Familie. Der Vater, tätig in einem der Scientology-Organisation zuzurechnenden Unternehmen, hat Probleme mit seinem Vorgesetzten bekommen. Er hat sich darüber beschwert, dass Gelder für Kurse, die er in der örtlichen Scientology-Einrichtung absolviert hat, direkt von seinem Gehalt abgezogen wurden. Außerdem waren ihm Unregelmäßigkeiten in der Buchhaltung aufgefallen. Pflichtgemäß, als gut funktionierender Scientologe, hat er darüber »Wissensberichte« geschrieben und die zuständige

Ethikabteilung informiert. Edwins Vater fühlt sich absolut im Recht. Allerdings kann er nicht erkennen, dass irgendjemand seine Bedenken ernst nimmt. Sein Ärger ist so groß, dass er mit seinen nicht-scientologischen Schwiegereltern darüber spricht. Das allein ist schon ein scientologisch, sagen wir mal, nicht ganz korrektes Verhalten. Denn laut Regeln ist tunlichst alles intern zu lösen. Bei diesen Gesprächen hat Edwins Vater dann zusätzlich festgestellt, dass der bisherige Weg in der Organisation ihn eigentlich nicht zu seinem Ziel geführt hat. Die Eltern seiner Frau bestärken ihn und geben ihm unter anderem den Rat, wegen der Auffälligkeiten in der Buchhaltung das zuständige Finanzamt zu informieren – quasi auch als Selbstschutz, falls dort irgendwann etwas Gravierendes entdeckt werden sollte. Das war der nächste, nicht scientologisch konforme Schritt mit Konsequenzen. Edwins Vater erzählt seiner Frau von seinen Problemen, da er davon ausgeht, dass sie ihn als Ehefrau unterstützt und versteht. Dem ist allerdings nicht so. Seine Frau schreibt einen detaillierten Bericht, und es kommt, wie es kommen muss: Der »PTS-SP-Kurs« ist erforderlich – mal wieder.

Edwins Mutter ist absolut genervt, denn schon öfter hat sie wegen ihrer Eltern dorthin gemusst. Bisher hatte sich die Situation immer bereinigen und beruhigen lassen, zum endgültigen Bruch war es bislang noch nicht gekommen – doch nun das. Sie kommt nicht auf den Gedanken, dass ihr Mann vielleicht Recht haben könnte, sie sucht zusätzlich bei sich selbst die Schuld, sich nicht längst von ihren Eltern zurückgezogen zu haben. Nun hat sie jedoch eine Erklärung dafür, warum sie immer wieder Probleme in den verschiedenen Kursen hat. Sie muss das nun alles endgültig regeln.

Edwins Vater jedoch will weder einen weiteren »PTS/SP«-Kurs machen, noch will er überhaupt das Scientology-Gebäude noch einmal betreten. Er hat seinen Ausstieg bereits beschlossen. Besser spät als nie. Hinzu kommt, dass er dem Rat der Schwiegereltern gefolgt ist, eine Beratungsstelle aufgesucht und sich auch einen Rechtsanwalt genommen hat. Dieser soll versuchen, seine noch ausstehenden Gelder von der Organisation zu bekommen.

Sohn Edwin ist in England und bekommt die Entwicklung erst mit, als der Vater die Scheidung einreicht und das Sorgerecht für Edwin beantragt. Nun wird es schwierig. Mit dem Vater zu sprechen, ist ihm verboten, da sein Vater offiziell zum »Unterdrücker« erklärt wurde. In der entsprechenden schriftlichen Erklärung zur »Supressive Person« (SP) (unterdrückerische Person) wird dem Vater unter anderem zur Last gelegt, dass er sich an eine staatliche Beratungsstelle gewandt habe, also »offene Feinde der Scientology« unterstützt. Damit habe er sein wahres Gesicht gezeigt und jegliches Vertrauen des Systems verloren. Als einziger Ansprechpartner innerhalb der Organisation gilt nun für den Vater der »International Justice Chief«.

Für Edwin ist das schlimm, denn er wollte doch seinem Vater immer beweisen, zu welchen Höhen er noch aufsteigen kann. Für die Anhörung beim Jugendamt und vor dem Familiengericht wird er vorbereitet. »Nein«, sagt er mit fester Stimme, »ich will bei meiner Mutter bleiben.« Auch auf Nachfragen des Rechtsanwaltes seines Vaters antwortet er wie einstudiert. Edwin hat neben allem damit zu kämpfen, dass er wahrscheinlich die Absichten seines Vaters hätte erkennen müssen. Schließlich haben ihm ja die Großeltern erzählt, dass sein Vater sie aufgefordert hat, ihn zu besuchen und zu befragen. Dieses hatte er nun auch intern berichtet und war eigentlich nur froh, dass er nicht dafür zur Rechenschaft gezogen wurde. Edwin hatte einfach nicht erkannt, welche feindlichen Absichten sein Vater damit verfolgte. Er weiß genau, dass es innerhalb der Organisation schon verwerflich ist, wenn man ein »nicht konformes Umgehen mit den Zielen der Organisation« nicht meldet. Trotz allem belastet Edwin sehr, seinen Vater und auch die Großeltern zukünftig nicht mehr sehen zu können. Allerdings ist er auch wütend darüber, dass er wegen seines Vaters nun erst einmal nicht mehr in England in der »Sea-Org« bleiben darf. Edwins unbestrittenes Ziel ist es, möglichst rasch mit dieser neuen Problemsituation fertig zu werden, um endlich ein hoch anerkanntes Mitglied der Eliteeinheit zu werden.

Das Familiengericht entscheidet für die Wahl des Kindes. Und das, obwohl der »Verfahrenspfleger«, den Edwin vom Gericht zur Seite gestellt bekommen hat, erhebliche Defizite in Edwins Entwicklung feststellen muss. Auch wird vorgebracht, dass seine Kenntnisse im schulischen Bereich nicht dem Bildungsstand eines Schülers der entsprechenden Klasse gleichzusetzen sind. Die Argumente des Vaters, dass er seinen Sohn wegen der »Unterdrücker-Erklärung« in Zukunft nicht mehr sehen wird, werden vom scientologischen Rechtsanwalt der Mutter abgetan.

Edwin bleibt nach dem Gerichtsurteil bei der Mutter und damit natürlich auch in der Organisation. Auch beim Antrag auf Umgangsrecht mit dem Vater folgen Jugendamt und Gericht den durch die Rechtsanwälte vorgetragenen Argumenten des Kindes. Edwin will selbst bestimmen, wann er den Vater sieht. »Das klingt doch ganz normal, und wie erwachsen dieser Dreizehnjährige schon wirkt, der weiß, was er will!«, mögen sich Richter und Mitarbeiter des Jugendamtes gedacht haben. Die Konsequenzen sind allerdings, dass Edwin von nun an seinen Vater nicht mehr sieht. Sein Vater schreibt ihm, schickt ihm Pakete zum Geburtstag und zu Weihnachten – doch ob Edwin diese auch erhält, weiß er nicht. Sein Sohn antwortet nicht mehr ...

Wer gehen will, kann gehen

In der Scientology-Außendarstellung werden in der Regel die Schilderungen ehemaliger Scientologen über das während der Zeit der Mitgliedschaft Erlebte als Lügen dargestellt. Besonders beliebt scheint zu sein, die Aussteiger in den Kontext zu stellen, enttäuschende Erlebnisse hätten sie dazu gebracht, ihre ehemalige Überzeugung zu verleumden bzw. negativ darzustellen. Hinzu kommt die immer gleiche Behauptung, dass niemand in der Organisation festgehalten wird. Dass der Weg des Ausstiegs jedoch nicht so einfach ist und die Organisation häufig genug alle Möglichkeiten ausschöpft, dieses (scientologisch: »Blowen«) zu verhindern, dringt nicht an die Öffentlichkeit. Eines muss für die nicht-scientologische Welt, die die Erlebnisse der ehemaligen Anhänger analysiert, sehr deutlich sein: Jeder Mensch, der sich von Scientology löst und irgendwann den Mut fasst, über sein Leben in der Organisation zu erzählen, hat bereits einige gedankliche Lösungsprozesse von den jahrelang verinnerlichten Gedanken vollzogen.

Wer einem Aussteiger mit Kenntnissen über Anweisungen und Schriften im System genau zuhört, kann ohne große Probleme die jeweiligen Schilderungen der scientologischen Lebenswelt nachvollziehen und kommt zu dem Ergebnis, dass die erzählten Erfahrungen durchaus wahr sein können.

> »Es ist von großer Bedeutung, dass ehemalige Mitglieder über ihre Erfahrungen in Scientology berichten. (...) Dies hilft, die realen Hintergründe und Mechanismen zu erfahren, um so das tatsächliche Erfahrungspotential einer Organisation einschätzen zu können. (...) Der Austritt aus Scientology ist vielfach ein

schwieriger Weg. Es ist für Außenstehende kaum vorstellbar, was im Inneren eines Menschen geschieht, wenn er nach so langer Zeit erkennt, welcher Organisation er den größten Teil seines Lebens gewidmet hat. Man muss sich vorstellen, dass der Ausstieg aus Scientology meist den Verlust des gesamten sozialen Netzes zur Folge hat. Nur, wer es selbst erlebt hat, weiß, dass es unheimlich viel innere Kraft und Mut erfordert, sein gesamtes Leben neu zu organisieren und einen neuen Platz in der Gesellschaft zu finden.«

(Handl, Wilfried: Scientology: Wahn und Wirklichkeit. 28 Jahre in einer Psychosekte, Wien 2005, S. 4)

Diese Aussagen betreffen einen erwachsenen Menschen, der Jahrzehnte in der Organisation verbracht hat. Welche Chancen haben dann die in der Organisation aufgewachsenen Kinder, sich zu lösen? Welche Wege gibt es für sie, und was erwartet sie nach ihrem Ausstieg, sollte er denn gelingen?

In den folgenden Kapiteln werden einige Ausstiegsversuche geschildert, die Menschen erlebt haben, die schon als Kinder durch ihre Eltern zu Scientologen wurden. An unserem Beispiel des Jungen Edwin werden die unterschiedlichen Versuche geschildert, die mir bekannt sind. All diese »Gehversuche« zurück in die reale Welt waren mit großen Problemen verbunden. Einige sind geglückt, andere gescheitert. Es bleibt die Hoffnung, dass es auch zukünftig weiteren Menschen gelingt, den Absprung zu schaffen und irgendwann ein selbstbestimmtes, glückliches Leben führen zu können.

Ausstiegsversuch – Beispiel 1

Edwin, inzwischen fast 16 Jahre alt – und nach wie vor noch tätig in Saint Hill, hat immer wieder andere Probleme bekommen. Einmal hatte er Fieber, und er musste in seinem Etagenbett bleiben, da Krankheit ja auf ein Fehlverhalten hindeutet. Ihm ging es schlecht, und die anderen sprachen kaum mit ihm. Dieses war wieder einmal eine Situation, in der er Heimweh hatte. Wenn doch seine Mutter kommen und ihn abholen oder wenigstens so lange bleiben könnte, bis es ihm besser ging. Aber Edwin hatte verinnerlicht, dass das eine Illusion bleiben würde. Doch irgendwie war durch diese Situation in ihm erstmalig ein leiser Widerstand geweckt, und er stellte sich die Frage, ob es wirklich richtig war, was dort in Saint Hill so alles passierte.

Ein weiteres Ereignis, das er auf seinem »Posten« im Kommunikationsbüro mitbekommen hatte, gab einen zusätzlichen Auslöser. Eine jüngere »Kollegin« hatte sich wohl verliebt und das auch nicht geheim gehalten. Edwin fand das ganz in Ordnung, da anscheinend auch der junge Mann Interesse für das Mädchen zeigte. Aber es war nicht vorgesehen, dass so etwas passierte. Edwin hatte von einem Schriftwechsel mit der Mutter des Mädchens erfahren, in dem bemängelt wurde, dass die Aufmerksamkeit des Mädchens nicht mehr gegeben war und die »2-D-Sache« geregelt werden müsste. Einige Zeit später erfuhr Edwin dann, dass das Mädchen nicht mehr in Saint Hill bleiben durfte. Anscheinend hatte sich das Problem nicht regeln lassen. Edwin hatte natürlich auch einen Bericht geschrieben, denn er war wie alle anderen verantwortlich dafür, dass keine Probleme im Ablauf seiner Abteilung auftraten.

Aber als das Mädchen dann weg war, machte er sich plötzlich Gedanken. Er wusste, dass er diese Gedanken eigentlich nicht haben durfte, aber er konnte sich doch nicht dagegen wehren.

Sein Bedürfnis, darüber mit jemandem außerhalb der »Sea-Org« zu sprechen, wurde immer stärker. Seine Mutter, das wusste er, kam für ein Gespräch nicht in Frage, sie würde es verurteilen. Aber sein Vater vielleicht. Doch dort bestand das Problem der Erklärung zum »Unterdrücker«. Edwin hatte ein schlechtes Gewissen und auch Angst, doch zog es ihn irgendwie nach Hause. Da er jedoch nicht einfach die »Sea-Org« verlassen konnte, brauchte er eine Begründung, er musste den »Sicherheits-Check« überstehen, und Geld brauchte er auch, um nach Deutschland zu kommen.

Edwin beschließt nun, einen Bericht (einen Antrag auf Urlaub sozusagen) zu verfassen, dass er sich Sorgen um seine Mutter mache und sie sehen möchte. Er bittet um die Genehmigung, sie für eine Woche besuchen zu dürfen. Dieser schriftliche »Antrag« löst – wie erwartet – Skepsis aus. Edwin ist sich unsicher, ob irgendjemand Kontakt zu seiner Mutter aufgenommen hat. Und – wie könnte es anders sein? – er muss zum »Sicherheitscheck«. Die üblichen Fragen werden ihm gestellt, mit dem Ziel zu ergründen, ob er irgendwelche gegen Scientology gerichteten Gedanken verfolgt. Doch Edwin hat sich eine Strategie überlegt, dieses Mal das »E-Meter« zu überlisten. Denn im Grunde weiß er sehr genau, dass er am System zweifelt und Saint Hill hinterfragt. Während der Zeit der Befragung träumt er davon, dass seine Mutter ihn fest in die Arme nimmt und er ihr sein Herz ausschütten kann. Und tatsächlich übersteht er zu seiner eigenen Verwunderung die kritischen Fragen. Nicht einmal vor Angst geschwitzt hat er. Schließlich erhält er die Erlaubnis, eine Woche nach Hause zu dürfen. Nun gilt für ihn, auch noch das letzte Problem, das des Geldes, für die Deutschlandreise zu überwinden.

Edwin verlässt das Gelände und geht einfach los, bis er endlich zu einer Telefonzelle gelangt. Er ruft seinen Vater an, der überglücklich ist, die Stimme seines Sohnes zu hören, und verspricht, ihn vom Flughafen abzuholen. Edwin ist total verwirrt. Er weiß gar nicht, was er antworten soll. Sein Vater löst für *ihn* das Problem und rät ihm, in die Polizeistation des nächsten Ortes zu gehen. Der Vater will dann dort anrufen. Die Polizisten sind sehr nett, und Edwins Vater verspricht, noch am selben Tag zum Flughafen zu kommen. Die Polizisten begleiten Edwin zum Londoner Flughafen, und er landet in seiner deutschen Heimatstadt. Edwins Vater hat sein Versprechen gehalten, er steht am Flughafen und wartet auf ihn.

Doch was anschließend passiert, gleicht eher einem Albtraum. Da Edwin nicht nach einer Woche – wie angekündigt – zurück in Saint Hill ist, wird die Mutter informiert. Der Vater bekommt eine Anzeige wegen Kindesentzug. Edwin ist sich aber inzwischen so sicher, dass er mit seinem Vater den Weg ohne Scientology gehen will, und er diesem nun eine Stütze sein will. Bis Sorgerecht, Aufenthaltsrecht und alle weiteren Formalitäten endgültig geklärt sind, dauert es natürlich. Die permanenten Anrufe seiner Mutter machen Edwin schwer zu schaffen. Denn nun hat er zwar seinen Vater gefunden, aber seine Mutter verloren. Leider gibt es für ihn keine Möglichkeit, ihr zu erklären, warum er diesen Weg gegangen ist. Sie wird es niemals akzeptieren. Ihr Sohn ist nun plötzlich auf der anderen Seite, der gegnerischen. Doch Edwin geht seinen Weg mit Hilfe des Vaters und der Großeltern entschlossen weiter.

Da Edwin bis zu diesem Zeitpunkt keine ausreichend lange Zeit die Schule besucht hat, wird es erst einmal schwierig für ihn, irgendeine Art von Abschluss zu bekommen. Möglich für ihn ist einzig der Hauptschulabschluss, den er dann durch großen Einsatz und die Hilfe seiner Familie auch erhält.
Aber was ihn am meisten hindert, den letzten Schritt in sein neues Leben zu schaffen, ist die Schwierigkeit, mit seinen Mitmenschen Kontakt aufzunehmen, ohne immer gleich sein Gegenüber »einzustufen«. Zu sehr haben die Maßstäbe der scientologischen Tonskala, nach der Menschen bewertet werden, Besitz von ihm ergriffen. Angst und Verratsgedanken lassen ihn bis tief in die Nacht hinein nicht los. Da ist es schon von Vorteil, dass sein Vater auch Scientologe war und diese Gefühle nachvollziehen kann. Es dauert allerdings, bis die beiden offen darüber sprechen können. Allzu leicht verfallen beide noch in den scientologisch gelernten Umgang miteinander.

Es dauert Jahre, bis Vater und Sohn sich ohne Angst vor anderen verhalten können. Leider jedoch wird Edwin seine Mutter nicht wiedersehen, es sei denn, auch sie findet irgendwann den Weg aus der Organisation.

Ausstiegsversuch – Beispiel 2

Bleiben wir bei unserem 16-jährigen Edwin, für den die Zeit in der »Sea-Org« vorbei ist. In diesem Beispiel, das stellvertretend für andere steht, wird Edwin bei verschiedenen Aktivitäten des örtlichen Scientology-Vereins eingesetzt. In der Stadt soll eine Konferenz von Psychiatern stattfinden, und die Organisation will dagegen demonstrieren, um deutlich zu machen – immer den Hubbard'schen Ideen folgend –, dass die Psychiatrie »das Übel der Welt« ist.

Edwin ist in die Vorbereitungen eingebunden und bereitet sich auf die Demonstration vor. Er wird mit anderen darin geschult, auf Fragen zu antworten, warum er an der Demonstration teilnimmt. Die Scientologen gehen davon aus, dass sich auch »wogs« – also Nicht-Scientologen – der Demonstration anschließen. Da heißt es, gewappnet zu sein und richtig begründen zu können, warum die Psychiatrie als »Übel der Welt« anzusehen ist.

Am Tag der Demonstration versammeln sich einige hundert Personen, auch aus anderen Städten sind Scientologen gekommen. Am Straßenrand stehen Menschen und schauen zu, lesen Plakate mit dem Schriftzug »Psychiatrie tötet« und ähnlichem. Ein paar Jugendliche winken Edwin zu – unter ihnen auch ein hübsches Mädchen. Edwin läuft über die Straße und lässt sich von den Jugendlichen überreden, mitzugehen – ein bisschen feiern will man, einer der Jungen hat heute Geburtstag …

Die Demonstration zieht ohne Edwin weiter, und anscheinend kümmert es niemanden, dass er nicht weiter dabei ist.

Edwin geht also mit zu dem Jungen, der auch 16 Jahre alt geworden ist, um Geburtstag zu feiern. Den Gesprächen unter den Jugendlichen kann er nicht richtig folgen. Die Musik, die gespielt wird, kennt er nicht. So schweigt er die ganze Zeit. Das Mädchen, das ihm so gut gefällt, fragt ihn dann irgendwann, warum er so still ist. Doch Edwin weiß keine Antwort, und ganz plötzlich bekommt er Angst zu bleiben. »Wahrscheinlich suchen sie mich schon. Die Demonstration muss längst vorbei sein.« Dieser Gedanke beunruhigt ihn so sehr, dass er leise sagt, er wisse nicht, wo er bleiben solle, er könne nicht nach Hause. Die jungen Leute sind schlagartig still, fragen aber nicht weiter nach. Edwin darf im Gästezimmer des Jungen übernachten. Die Eltern haben nichts dagegen, denn Freunde ihres Sohnes haben schon öfter dort übernachtet. Edwin schläft kaum, so sehr quält ihn sein schlechtes Gewissen, doch andererseits findet er es auch spannend, in diesem Zimmer zu sein, bei diesen Leuten, die ihn, ohne viel zu fragen, einfach bei sich aufgenommen haben.

Am nächsten Morgen kommt es dann, wie es kommen muss: Die Mutter des Jungen fragt Edwin, ob sie ihn nach Hause bringen oder seine Eltern benachrichtigen soll. Edwin sagt, er lebe bei seiner Großmutter, doch habe er die Telefonnummer nicht dabei. Dann erzählt er plötzlich, dass seine Mutter Scientologin ist und er eigentlich auch. Die Reaktion der Frau ist verhalten, aber bestimmt: »Wir müssen entweder deine Mutter benachrichtigen oder das Jugendamt«, sagt sie. »Das Jugendamt ist für dich zuständig, wenn du zu Hause Probleme hast.«

Also findet sich Edwin bei einer Mitarbeiterin des Jugendamtes wieder. Ihr erzählt er, dass er nicht zurück kann, weil er dann zur »Ethik« muss. Die Mitarbeiterin des Jugendamtes blickt ihn völlig verständnislos an, nimmt aber zur Kenntnis, dass Edwin 16 Jahre alt ist und sagt, dass er nicht nach Hause will. Nun setzen sich die scientologische Maschinerie und die des Jugendamtes in Bewegung.

Edwin darf vorübergehend bei der Familie des Jungen wohnen bleiben. Seine Mutter geht mit ihrem scientologischen Anwalt beim Jugendamt ein und aus und insistiert, dass es keinerlei Probleme gäbe. Es seien übliche Spannungen, die immer einmal vorkommen könnten. Inzwischen hat Edwin dem Jugendamt erzählt und immer wieder betont, dass er lieber ohne Scientology leben will. Mutter und Anwalt äußern jedoch, dass das kein Problem sei. Jeder, der gehen wolle, könne gehen.

Schließlich kommt es zum Gespräch zwischen der Jugendamtsvertreterin, Edwin, seiner Mutter und dem Rechtsanwalt, der ein offizielles, von der Mutter unterschriebenes Schriftstück beibringt. Dieses besagt, dass Edwin in der Scientology nichts gegen seinen Willen tun muss. Das Jugendamt lenkt ein. Die Bearbeiterin macht einen fast erleichterten Eindruck, dass alles so unkompliziert zu sein scheint, wo man doch immer etwas ganz anderes über die Organisation liest.

Edwin sagt zu all dem gar nichts. Er wird wieder zu seiner Mutter zurückgebracht. Das Schreiben, das seine Mutter unterzeichnet hat, bleibt in den Akten beim Jugendamt. Er selbst wird zwei Tage lang in Ruhe gelassen. Dann geht es in eine andere Stadt in die dortige Scientology-Zentrale, und dort wartet dann der »Ethik-Offizier« ...

Ausstiegsversuch – Beispiel 3

Hier verkörpert Edwin ein in Scientology aufgewachsenes Kind, das die üblichen Programme wie »Kommunikationskurs«, »Reinigung« und »Auditing« in der örtlichen Scientology-Einrichtung mitgemacht macht. Die Thesen des L. Ron Hubbard sind Familienideologie – doch die Eltern schicken in diesem Beispiel ihren Sohn in eine Waldorfschule; übrigens in scientologischen Familien ein öfter zu beobachtendes Phänomen. Staatliche Schulen werden in der Regel schon deswegen abgelehnt, weil der Staat an sich als Gegner der scientologischen Lehre betrachtet wird. So ist das Waldorf-Prinzip eine willkommene Alternative. Der Vorteil dieser Maßnahme – man mag über die schulische Ausbildung an den Steiner-Schulen durchaus streiten – ist immerhin, dass Edwin mit 16 Jahren einen anerkannten Realschulabschluss in Händen hält. Zwar verursachte ihm das viele Lernen – ungefähr ein Jahr, bevor er die staatliche Prüfung ablegen konnte – Stress, doch hat er, im Gegensatz zu anderen scientologisch gedrillten Kindern, etwas Nicht-Scientologisches in der Hand. Nach dem Schulabschluss entsteht allerdings die Frage, wie es weitergehen kann. Die Aussicht auf eine Arbeit in einer scientologischen Einrichtung ist für Edwin nicht sehr verlockend.

Die Eltern drängen zwar, und Edwin ist sich bewusst, dass er sie wieder mal enttäuscht – wie schon so oft, wenn er wesentlich längere Zeit benötigte, bestimmte Kurse abzuschließen. Er fasst nun den Entschluss, mit dem Schulabschluss in der Hand zu seinem Onkel und zu seiner Tante zu ziehen, die keine Scientologen sind. Edwin will sich einen Job außerhalb der Organisation suchen.

Die gesamte, relativ große, nicht-scientologische Familie hatte zwar immer einmal wieder Probleme mit Edwins Eltern wegen deren Zugehörigkeit zu Scientology, doch mischten sie sich nicht wirklich ein. (Insoweit war also der Teil der Familie, scientologisch ausgedrückt, prima »gehandhabt«.)

Edwin lebt einige Jahre bei seinen Verwandten, macht eine Ausbildung, zieht in eine andere Stadt und findet dort einen Arbeitgeber, einen Homöopathen. Möglicherweise zieht es Edwin gerade in diese Richtung, da er auf einer Waldorfschule war. Doch all dies schafft er – jedenfalls sieht es so aus – ohne die Hilfe der Organisation. Der Kontakt zu den Eltern und der bei Scientology linientreu agierenden Schwester bleibt bestehen. Man trifft sich zu Familienfesten, weil die nicht-scientologischen Familienmitglieder sehr tolerant sind. Niemand jedoch merkt, dass Edwin jedes Mal, wenn er mit seinen Eltern zusammentrifft, leidet. Die Fragen der Eltern nach seinem Wohlbefinden werden von ihm natürlich immer noch scientologisch interpretiert. Außerdem kämpft er die ganze Zeit mit seinem schlechten Gewissen, Eltern und Organisation letztlich verraten zu haben. Die ganzen Jahre über ist er dieses Gefühl nicht losgeworden, doch sprechen konnte er auch mit niemandem darüber.

Hinzu kommt, dass er massive Schwierigkeiten hat, Freundschaften aufzubauen. Für sich hat er die Erklärung, er sei eben »etwas anders«. Es mangelt ihm an Selbstbewusstsein, und er ist regelmäßig sehr misstrauisch, wenn er jemanden kennen lernt.

Nach einigen Jahren intensivieren die Eltern, vor allem die Schwester, den Kontakt zu ihm. Edwin besucht sie auch wieder regelmäßiger. Bei einem dieser Besuche lernt er den Freund der Schwester kennen, der aus Dänemark kommt. Edwin ist dieser Mann sofort sympathisch, er spürt eine Nähe und erzählt mehr als gewöhnlich über sein Leben und die Tatsache, dass er manchmal sehr einsam ist. Immerhin sind es fast 10 Jahre, die er nicht mehr bei Scientology ist. Doch jetzt fühlt er sich plötzlich angenommen, dieser Mann und seine Schwester haben ein offenes Ohr für seine Sorgen. Edwin freut sich darüber sehr, er fühlt sich gut und endlich angenommen, einfach so, wie er ist. Er hofft, dass nun sein Leben endlich in die richtigen Bahnen kommt, und will mit dem Freund der Schwester nach Dänemark gehen. Es liegt auf der Hand, was der Freund verschwiegen hat: Er gehört zu einer Elite-Einheit von Scientology.

Edwin erinnert sich daran, dass er vor vielen Jahren schon nach Dänemark wollte. Doch hat er den Gedanken offensichtlich verdrängt, dass er damals nur die Aufmerksamkeit und Liebe seiner Eltern brauchte und es für sie getan hätte. Und Edwin weiß natürlich auch, dass er jederzeit Kopenhagen wieder verlassen kann. Letztlich überzeugen ihn die Schwester und der Freund, dass dieser Entschluss der einzig richtige ist. Auch sein Vater, bei dem Edwin in der letzten Zeit das Gefühl hat, dass dieser ihn ernst nimmt, bestärkt ihn in seinem Vorhaben, nach Dänemark zu gehen.

Angekommen in Kopenhagen, registriert Edwin zunächst nicht, dass die Leute dort eine Menge über ihn zu wissen scheinen. Nur kurz kommt ihm der Gedanke, dass vielleicht seine Scientology-Akten (»Kursabschlüsse«, Ergebnisse von »Auditing«-Sitzungen und »Ethik-Akten«) inzwischen in Kopenhagen gelandet sind. Aber auch das ist ihm im Moment nicht wichtig. Man setzt sich mit ihm zusammen und bespricht den Weg, den er gehen kann. Einen Weg zurück in die Organisation, in die Eliteeinheit der Scientology.

Wieder kommt die Erinnerung an das gute freundschaftliche Gefühl, an das Lächeln seines Vaters und an den Gedanken, dass auch seine Mutter wieder genauso freundlich mit ihm umgehen könnte ... So unterschreibt Edwin während seines ersten kurzen Aufenthalts direkt den »Sea-Org-Vertrag«, der ihn »für die nächsten Millionen Jahre« bindet. Über Konsequenzen denkt Edwin in diesem Augenblick nicht nach, für ihn zählt einzig das Gefühl, wieder angekommen zu sein ...

Bei seinem Arbeitgeber, dem Anthroposophen, hatte Edwin für diese »Spritztour« Urlaub genommen. Wieder zu Hause, kehrt für ihn zunächst der normale Alltag zurück. Doch seine Schwester ruft fast täglich an, auch der Vater meldet sich öfter als die ganzen Jahre vorher, und aus Kopenhagen, der Europazentrale der Scientology-Organisation, erhält er zudem Anrufe. Ziemlich häufig sogar. Die Fragen sind immer gleich: »Wann kommst du und erfüllst deinen Vertrag?« Der Vater rät ihm, mit der örtlichen Scientology-Einrichtung Kontakt aufzunehmen. Der massive Druck zeigt Wirkung.

Edwin ist sich plötzlich sehr sicher, dass sein Weg der Weg in die Gemeinschaft Scientologys ist, völlig ungeachtet der Jahre außerhalb. Denn, so fühlt er, der Kontakt war ja nie wirklich ganz abgebrochen. Eine Auseinandersetzung mit dem, was die Kurse der Organisation in jungen Jahren mit ihm gemacht hatten, hat nie stattgefunden. Auch jetzt macht er sich keine Gedanken darüber, dass vielleicht seine scientologische Kinderzeit ausschlaggebend ist für die Entscheidung Dänemark. Edwin will nur noch seinen »Vertrag« erfüllen.

Also kündigt er seinen Arbeitsplatz, seine Wohnung und verabschiedet sich von allen, die er kennt. Denn wer in die »Sea-Org« geht, der darf keine möglichen Probleme hinterlassen. Auch dem nicht-scientologischen Teil der Familie gibt er Bescheid, dass er nach Kopenhagen zieht, um dort zu leben. Keiner fragt nach, keiner scheint sich Sorgen zu machen. Einige Verwandte haben von seinen Eltern erfahren, dass er wieder öfter mit ihnen telefoniert, und freuen sich sogar. Es gibt doch nichts Schöneres als eine intakte Familie – Scientology hin oder her.

Also auf nach Kopenhagen. Das »Estate Project Force (EPF)«, die Aufnahmerituale, dauern länger als erwartet. Ein wenig auch geprägt durch die Zeit in der »Außenwelt«, denkt Edwin über die Gegebenheiten intensiver nach als früher: das ewig gleiche Frühstück, die hygienischen Zustände usw. Aber seine Angst, erneut zu scheitern, ist groß, denn – da ist er sicher: Eine weitere Chance in der Organisation wird er nicht erhalten. So bleibt er und hofft immer noch, dass er endlich auch von seinen Eltern geliebt wird. Er wünscht sich nichts sehnlicher, als dass sein Vater endlich stolz auf ihn ist und auf das, was er dafür tut, dass Scientology endlich die Anerkennung erfährt, die sie verdient: die einzig wahre Organisation zu sein, die die Welt noch retten kann.

Edwin bleibt, er funktioniert. Nach und nach verblassen die Erinnerungen an die Zeit ohne Scientology. Ein ehemaliger Kollege hatte versucht, Edwin zu erreichen, sich Mühe gemacht, herauszufinden, wo er sich überhaupt aufhielt. Ein Freund scheinbar. Doch Edwin kann ihm leider nicht plausibel machen, wie gut es ihm geht und dass kein anderes Leben für ihn möglich und denkbar ist. Edwin versucht natürlich, diesen ehemaligen Kollegen zu »rekrutieren«, doch vergebens. Der Kollege hat kein Interesse.

Edwin bleibt und heiratet irgendwann eine junge Frau aus der »Sea-Org«. Und er bleibt, obwohl er mit seiner jungen Frau kaum zusammen sein kann und sie irgendwann so gut wie gar nicht mehr sieht. Sie wird in einer anderen »Sea-Org«-Einheit gebraucht, in den USA.

Das scientologische Leben hat ihn wieder fest im Griff, endgültig und mit allen Konsequenzen.

Suri & Co.

Es ist nichts Neues, dass speziell prominente Menschen, die sich bei Scientology engagieren, zunehmend im öffentlichen Interesse stehen. Dazu gehört natürlich auch das Interesse am Nachwuchs dieser Prominenten.

Ob es sich hier um die kleine Suri von Tom Cruise und Katie Holmes oder andere handelt, mit Aufmerksamkeit wird zumindest in der letzten Zeit verfolgt, wie sich die Eltern zu ihrer neuen Familiensituation äußern. Seit der Aussage von Vater Tom Cruise über die »stille Geburt« seiner Tochter Suri wird den Aussagen Prominenter über Art und Weise der Geburtsrituale besondere Beachtung geschenkt. So wurde dann auch international zur Kenntnis genommen, dass sich die werdende Mutter Jennifer Lopez, kurz JLo, entschieden hat, ihr Kind »still« zur Welt zu bringen. JLo hatte sich schon früher zur Scientology-Organisation geäußert – und nun folgt das Bekenntnis zu einer »stillen Geburt«. Ebenso wie die kleine Suri es wohl erlebt hat, wird der Lopez-Nachwuchs anscheinend nach dem Hubbard'schen Motto geboren:

> »Sorgen Sie dafür, dass bei einer Geburt völlige Stille herrscht, damit die geistige Gesundheit von Mutter und Kind nicht gefährdet wird. Dazu gehört auch der Verzicht auf ›Schschs‹, denn das erzeugt Stotterer.«
>
> (Hubbard, Lafayette Ronald: Kinder-Dianetik, Kopenhagen 1983, S. 190)

Sicher möchte auch JLo vermeiden, dass ihr Kind stottert. Wer möchte das nicht? Allerdings muss man in der Welt Hubbards leben, um derartige Aussagen für bare Münze zu nehmen.

Wenn es weiter im Hubbard'schen Sinne verlaufen soll, wird JLo nach der Entbindung wohl nicht wie andere Mütter ihr Kleines in die Arme gelegt bekommen, denn laut der entsprechenden Anweisung des Hubbard-Kommunikations-Büros unter der Überschrift «Processing a new mother» soll man das Neugeborene weder baden noch auskühlen lassen, sondern in eine warme Decke wickeln und dann für einen Tag alleine lassen.

> »Next, the delivery itself should carry as little and aesthetic as possible, be as calm and no-talk as possible and the baby should not be bathed or chilled but should be wrapped somewhat thightly in a warm blanket, very soft, and then left alone for a day or so.«
>
> (Hubbard-Kommunikationsbüro [Hrsg.]:
> Bulletin vom 20. Dezember 1958, East Grinstead 1958)

Diese Anweisung kann man durchaus so interpretieren, dass nach Möglichkeit eine sofortige emotionale Bindung zwischen Mutter und Kind zumindest erschwert werden soll. Gerade die ersten Kontakte, das wissen alle Mütter, gehören zu den schönsten und prägendsten Momenten im Leben.

Vielleicht überlegt sich Jennifer Lopez die Sache mit der »stillen Geburt« ja noch einmal – in ihrem und im Interesse ihres Kindes.

Kinder von Prominenten, die der Scientology-Organisation angehören, haben es vermutlich aufgrund ihres Ansehens etwas leichter als Kinder von No-Name-Scientologen. Aber die Verinnerlichung der Lehre bei ihren Promi-Eltern wird sie vor dem weiteren scientologischen Schicksal wohl kaum beschützen.

Auch diese Kinder wachsen in der Parallelwelt auf. Vielleicht noch mit viel weniger Chancen, diese Welt jemals zu verlassen. Denn sie werden mit an Sicherheit grenzender Wahrscheinlichkeit die Bekanntschaft einer scientologischen Nanny machen und alle weiteren üblichen Etappen des scientologischen Nachwuchses gehen.

»Angst um die Kinder« titelte die GALA vor einiger Zeit und widmete der Sorge von Nicole Kidman über ihre zusammen mit Tom Cruise adoptierten Kinder eine Titelstory. Sie wird zitiert mit der Aussage:

> »Ja, die zwei werden zu Scientologen erzogen. Eine Tatsache, die mir nicht gefällt.«
>
> (Gala, Nr. 51. Dezember 2007, S. 20)

Nach ihrer Trennung hatte Nicole Kidman die Erziehung der beiden Adoptivkinder ihrem Exmann Tom Cruise überlassen. Man ist besorgt, wahrscheinlich sehr zu Recht. So musste sie, laut Gala, feststellen, dass sie nicht mehr so einfach mit ihren Kindern telefonieren kann. Nur mit einer entsprechenden Genehmigung des Vaters Cruise ist das möglich. Das ist plausibel, denn Nicole Kidman gehört nicht dazu und ist daher mindestens eine »potenzielle Schwierigkeitsquelle«, wenn nicht sogar als »feindlich« eingestuft. Die Anweisungen zu Kontakten mit derartig eingeordneten Personen werden bei Familie Cruise nicht anders interpretiert werden als in »normalen« Scientology-Familien. Erschwerend dürfte in diesem

Zusammenhang auch sein, dass der Vater Nicole Kidmans von Beruf Psychiater ist: Psychiatrie und Psychiater, die Berufs- und Personengruppe, die im besonderen Fokus der Organisation steht.

Die beiden Kinder sind inzwischen in einem Alter, in dem die scientologische Schule ihre Wirkung zeigt. Mit hoher Wahrscheinlichkeit haben auch diese beiden erkannt, dass sie den Beruf ihres Großvaters und die nicht mehr zur Scientology-Organisation gehörende Mutter Kidman als »Gefahren für ihre Organisation« einzustufen haben.

Dass die Fanatisierung von scientologischem Nachwuchs eben auch nicht Halt macht vor den Kindern von Prominenten, lässt sich am Beispiel des Sohnes der Schauspielerin Anne Archer darstellen. Tommy Davis, Sohn der Schauspielerin, war nach einem bisher unbestrittenen Bericht eingesetzt worden, unliebsame Presseberichterstattungen zu verhindern bzw. den recherchierenden Journalisten der britischen BBC wenigstens unglaubwürdig zu machen. Wie besagter Journalist später berichtet, ist dem Sohn Archers dies durchaus gelungen.

> »Die Taktik funktonierte besser als erwartet. Im März, bei der Unheil prophezeienden Scientology-Ausstellung ›Psychiatrie des Todes‹ in Hollywood, verlor Sweeney *(der BBC-Journalist, d. Verf.)* die Beherrschung und begann, den hochrangigen Scientologen Tommy Davis zu beschimpfen, Sohn der Schauspielerin Anne Archer, der ihn während der gesamten Recherchetour verfolgt hatte. Später sagte Sweeney dazu: ›Ich bin angebrüllt und bespitzelt worden. Man ist um Mitternacht in mein Hotelzimmer eingedrungen; ich wurde von prominenten Scientolo-

gen als ›bigott‹ beschimpft und von finsteren Fremden durch die Straßen von Los Angeles gejagt (…).«

(Morton, Andrew: Tom Cruise.
Der Star und die Scientology-Verschwörung, München 2008, S. 414)

Eines scheint für alle zu gelten, prominent oder unbekannt: Kinder werden zu fanatisierten Anhängern des Systems, einsetzbar für die Zwecke und Ziele der Organisation. Wie andere, die im Sinn ihrer Ideologie die Welt verändern wollten, setzt auch L. Ron Hubbard bei den Kleinsten an:

»Die Fälle von morgen sind die Fälle der Kinder von heute. Ganze Zivilisationen veränderten sich, weil jemand die Kinder veränderte.«

(Hubbard, Lafayette Ronald: Techniken für Kinder-Prozessing.
In: Ability. Ausgabe 110, East Grinstead 1959)

Zielgruppe Kind

Wie wir von dem bereits Geschilderten ableiten können, werden die meisten der in der Scientology-Organisation lebenden Kinder und Jugendlichen durch ihre Eltern zum System gekommen sein – in ganz unterschiedlichem Alter, mit unterschiedlichen Erfahrungen und abhängig vom Status der Eltern. Der Blick richtet sich zwar in erster Linie auf Erwachsene, aber natürlich auch auf Kinder. Es können jedoch auch durch Kinder – ein besonderes Angebot der Organisation – Eltern, Großeltern und weitere Familienangehörige angesprochen und für Scientology »rekrutiert« werden.

So erscheint es logisch, dass im Konzept der Organisation auch angeregt wird, Beratungszentren für Kinder einzurichten. Wie häufig in der Literatur L. Ron Hubbards wird vermittelt, dass es bereits praktische Erfahrungen mit derartigen Angeboten gegeben hat. Es gibt niemals nur eine Theorie, die Praxis muss unmittelbar folgen – systemkonform und selbstverständlich.

> »Das folgende Material soll als Entwurf für die Einrichtung von Beratungszentren für Kinder dienen. (…) Es sind nur Vorschläge, aber sie gründen sich auf praktische Anwendung und Erfahrung in einem Beratungszentrum für Kinder in Süd-Kalifornien (…) Es hat sich herausgestellt, dass dieses Material dort, wo es angewandt wurde, brauchbar war.«
>
> (Hubbard, Lafayette Ronald: Kinder-Dianetik, Kopenhagen 1983, S. 183)

Damit der scientologische Sinn auch erfüllt ist, sollen in diesen Zentren für die Kleinsten auch »Auditoren« anwesend sein. Man will sich offensichtlich von Anfang an sicher sein, dass die entsprechende Lehre »professionell« im Sinn des Erfinders funktioniert.

> »Die Zentren sollten einen oder mehr (vorzugsweise zwei) ausgebildete Auditoren beschäftigen, die sich auf Kinderberatung spezialisieren *(sozusagen scientologische Erzieher/Erzieherinnen, d. Verf.)*. Die auf solche Weise beschäftigten Auditoren sollten die Möglichkeit haben, ihre ganze Arbeitszeit den Kindern zu widmen.«
>
> (Hubbard, Lafayette Ronald: Kinder-Dianetik, Kopenhagen 1983, S. 183)

Ein solches Angebot für die kleinen Menschen in einer Region, einer Stadt oder einem Landkreis funktioniert natürlich nur dann, wenn es gelingt, auch die Eltern von dem »Betreuungsangebot« zu überzeugen. Also völlig logisch findet sich im entsprechenden Text hinsichtlich dieser Kinderzentren ein kleiner, aber nicht unbedeutender Satz:

> »Für Interviews mit Eltern sollte es einen kleineren Raum geben.«
>
> (Hubbard, Lafayette Ronald: Kinder-Dianetik, Kopenhagen 1983, S. 183)

Ein »kleiner Raum« für Gespräche, während in der Zwischenzeit die abgegebenen Kinder schon einmal »betreut« werden können. Aber natürlich dient er auch dem Zweck, im Vorfeld möglichst viel über die familiäre Situation zu erfahren. Denn wie heißt es in diesem »Material«:

»Machen Sie von jedem Kind eine umfassende ›Bestandsaufnahme‹. Prozessing mit Kindern zieht auch das Zuhause und die allgemeine Umgebung des Kindes mit in Betracht. Wenn die Eltern zum Beratungszentrum kommen, um über die Probleme des Kindes zu berichten, sollte über das, was die Mutter sagt, ein ziemlich wortwörtlicher Bericht verfasst werden. (…) Name und Gründe für die Wahl des Rufnamens des Kindes sowie Alter, Geschlecht und seine Religion. *(Haben sich denn die Eltern nicht bei der Wahl der Kinderbetreuung entschieden, einer neuen Religion beizutreten? d. Verf.)* (…) Beschäftigungen und Hobbys der Mutter. Beruf und Hobbys des Vaters. Falls beide Eltern arbeiten, wer sorgt für das Kind?«

(Hubbard, Lafayette Ronald: Kinder-Dianetik, Kopenhagen 1983, S. 185)

Fragen über Fragen, Informationen über Informationen, man will schon genau wissen, mit wem man es zu tun hat. Es könnten ja leicht Probleme auftreten, wenn die Eltern oder andere Familienmitglieder erfahren, dass ein Kind eigentlich kein Kind ist, sondern sein kleiner Körper einen »Thetan« in sich birgt und damit schon wie ein Erwachsener in der Organisation zu behandeln ist. Da hilft es doch sehr, vieles aus der Familie zu erfahren und möglichst die Eltern gleich mit in alles einzubinden. Natürlich wird mit Sicherheit der betreuende »Auditor« nicht als solcher vorgestellt, sondern wahrscheinlich als der beste ausgebildete Erzieher, den sich die Eltern nur wünschen können.

Das erste Gespräch mit den Eltern in besagtem »kleinen Raum« ist die »Bestandsaufnahme«. Ist diese abgeschlossen, wird empfohlen, das Kind für mindestens drei Sitzungen bei dem professionellen »Auditor« zu lassen.

Da jedes Kind gemäß Scientology nicht nur einen »Thetan« mit sich herumschleppt und daher in diesem Leben als geistig krank, mindestens geistig verwirrt (»aberriert«) einzustufen ist, ähneln die Kinderzentren mit der entsprechenden »Behandlung« eher therapeutischen Einrichtungen. Von Bedeutung scheint hier insbesondere zu sein, wie die emotionale Beziehung der Mutter bisher zu ihrem Kind war. Daher gibt es für die »Auditoren« speziell für die ersten Sitzungen im Kinderzentrum besondere Empfehlungen:

> »(...) scheint die Mutter eine übermäßig beschützende Haltung zu haben. Halten Sie nach Mitgefühls-Engrammen beim Kind oder nach möglichem Antagonismus von seiten des Vaters (oder von beiden Elternteilen) Ausschau. (...)«
>
> (Hubbard, Lafayette Ronald: Kinder-Dianetik, Kopenhagen 1983, S. 188)

Im Grunde wird hier empfohlen, dass bereits bei den ersten Aufenthalten des Kindes die gesamte Palette eines künftig funktionierenden Scientologen abgefragt wird. Das entsprechende Kapitel in der Scientology-Literatur beinhaltet vom »ARK-Dreieck« bis hin zur Aufforderung an den »Auditor«, bestimmte Verhaltensweisen bzw. Probleme auf der Zeitspur des Kindes festzustellen usw.

Hat man das Kind nun scientologisch-therapeutisch analysiert, geht der nächste Schritt wieder auf die Eltern zu. Zielvorgabe: Die Schwierigkeiten des Kindes sollen besprochen werden. Der »Auditor«, der Therapeut, soll den Eltern nun klarmachen, dass nur ein weiterer Aufenthalt im Kinderzentrum mit fortlaufender Behandlung (wobei dieses Wort mit Sicherheit nicht fallen wird) das Kind in seiner weiteren Entwicklung positiv beeinflussen und all seine Fähigkeiten hervorbringen wird.

Damit das auch alles reibungslos funktioniert, sind nun wiederum die Eltern angesprochen, ebenso scientologisch aktiv zu werden. Das System tickt ausschließlich auf diese Weise. Die Eltern werden im Kinderzentrum zum so genannten Interview gebeten, in dem es natürlich in erster Linie um ihr Kind geht, aber letztlich dann auch um sie selbst.

> »Bei diesem Interview muss man sich sehr taktvoll verhalten. Keiner der beiden Elternteile sollte vor den Kopf gestoßen werden, aber es wird Faktoren im häuslichen Bereich geben, die korrigiert werden müssen. Gewöhnlich werden die Eltern zur Zusammenarbeit bereit sein (...) Oft werden sie darauf brennen, selbst Processing zu erhalten.«
>
> (Hubbard, Lafayette Ronald: Kinder-Dianetik, Kopenhagen 1983, S. 191)

Wenn sich dann die Eltern auf eigenes scientologisches Training einlassen, ist ein wesentlicher Zweck des Kinderzentrums erfüllt. Über die Vermittlung der angeblichen Probleme des Kindes sind neue Aspiranten für das System Scientology geworben. Vielleicht haben die Eltern ja nur eine kindgerechte Unterbringung für ihren Nachwuchs gesucht, doch gelandet sind sie in einer Organisation, die sie als »raw-meat« (rohes Fleisch) zur Bearbeitung angelockt hat.

Der kleine Verfassungsfeind

»Die bisher anfallenden Erkenntnisse über den Geheimdienst- und Propagandaapparat der Scientology-Organisation skizzieren das Bild einer Organisation, die von einem fast unbezwingbar erscheinenden Willen beseelt ist, mit allen zur Verfügung stehenden Mitteln eine nicht mehr antastbare politische, wirtschaftliche und gesellschaftliche Machtposition zu erlangen. Die Scientology-Organisation will den einzelnen Menschen sowie alle Bereiche des gesellschaftlichen Zusammenlebens (Politik, Wirtschaft, Kultur, Medien etc.) mit Hilfe ihrer geistigen Techniken und der Hubbard'schen Management- und Organisationstechniken im scientologischen Sinne gleichschalten, beherrschen und letztlich kontrollieren.«

(Landesamt für Verfassungsschutz Hamburg [Hrsg.]:
Der Geheimdienst der Scientology-Organisation, Hamburg 1997, S. 2)

Politische Ideologien, welcher Couleur auch immer, die bereits im Kindesalter beginnen – Nachwuchs für bestimmte Sichtweisen zu formen und zu nutzen –, werden immer einmal wieder an den Pranger gestellt. Gerade auch die Diskussion um Einmischung des Staates, ideologische Bestrebungen gegen einheitliche Grundwerte wie Meinungsfreiheit, Selbstbestimmung des Einzelnen usw. findet eine Zuspitzung, wenn es um gesellschaftliche Belange, Beeinflussung und Manipulation von Kindern geht.

Es stellt sich nun die Frage: Warum findet sich bei der Diskussion in der Öffentlichkeit um die Scientology-Organisation und ihre Bestrebungen, in jedem Land der Welt ihre Ideologie zur gesellschaftlichen Maxime zu erheben, so wenig über die Erziehung der scientologischen Kinder wieder? Dies fragt man sich gerade im Zusammenhang mit den Maßstäben, die bei anderen Parteien und Organisationen angelegt werden, die ebenfalls gegen unsere Grundwerte gerichtet sind und als eine Gefahr für Kinder angesehen werden.

Es könnte zum einen daran liegen, dass die Scientology-Organisation in der breiten Öffentlichkeit häufig damit verbunden wird, es gehe um Profit, um Finanzielles, um eine Anhäufung von Geldern.
Kinder jedoch sind mittellos.

Zum anderen könnte eine weitere Erklärung sein, dass die Propaganda-Maschinerie der Organisation erneut auch hier greift und viele Menschen von einzelnen Kinderschicksalen abgelenkt werden. Hinzu kommt die immer wieder erhobene Aussage, dass die Menschen sich freiwillig an die Organisation wenden. Sehen wir an dieser Stelle einmal davon ab, dass selten von Menschen zu hören ist, die von allein – ohne »rekrutiert« zu werden – plötzlich und aus heiterem Himmel den Weg in eine Scientology-Einheit gefunden haben. Nach allem, was man bisher dazu hören konnte, nicht einmal Tom Cruise.
Kinder haben gar keine Wahl.

Was lernt denn das Kind, der Jugendliche, das/der ausschließlich scientologisch aufwächst, von der Außenwelt? Wieso stellen sich so wenige Menschen die Frage, warum L. Ron Hubbard solch einen besonderen Wert auf die frühe Einflussnahme auf den Nachwuchs legt?

Eines dürfte inzwischen unbestritten sein: Das Aufwachsen mit und in der Hubbard'schen Ideologie lässt Menschen scientologisch funktionieren, lässt sie also zu Personen werden, die ihren Kindern und Kindeskindern dieselbe »Erziehung« angedeihen lassen. So wächst von Kopf zu Kopf, von Kind zu Kind das scientologisch trainierte Völkchen heran ...

> »Wenn wir jemand wirklich ordnungsgemäß ausbilden, wird er mehr und mehr Tiger. Wenn wir halbherzig ausbilden, uns davor fürchten zu kränken und Angst davor haben, etwas durchzusetzen, dann machen wir Studenten nicht zu guten Scientologen – und damit werden alle im Stich gelassen.«
>
> (Hubbard-Kommunikationsbüro [Hrsg.]: Bulletin vom 12. April 1983.
> Die Funktionsfähigkeit der Scientology erhalten.
> Was wir von einem Scientologen erwarten, East Grinstead 1983, S. 9)

Mit der ordnungsgemäßen und von der Organisation kontrollierten Umsetzung der Leitlinien wachsen Kinder in einem in sich geschlossenen System heran. Durch die Abkapselung nach außen verfestigt sich das Gruppengefühl. Dieses wird durch die vermittelten Thesen verstärkt, dass es bei nicht linientreuem Verhalten zu Problemen kommen kann und die Verantwortung dem Einzelnen zugeordnet wird (»... machen wir Studenten nicht zu guten Scientologen – und damit werden alle im Stich gelassen«). Das bedeutet dann auch, dass zwangsläufig die Überzeugung gefestigt wird: »Diese Gruppe, Scientology, der ich angehöre, unterscheidet sich von allen anderen.« Ein Ansatz, der durch Scientology-Jargon verstärkt wird und eine Gesprächsebene mit Nicht-Scientologen in den meisten Fällen verhindert.

Ein weiteres gefährliches Moment für Kinder ist die Übernahme eines vorgefertigten Feindbildes. Sind erst einmal die Kurse über das »Wissen« und die Feinderkennung vermittelt, gibt das dem Einzelnen eine Rechtfertigung, sich gegenüber »erkannten Feinden« entsprechend zu benehmen. Die irgendwann verinnerlichte klare Trennung zwischen den »guten« Scientologen und den »verdammungswürdigen Unwissenden« lässt dem Scientologen keinen Verhaltensspielraum – schon gar nicht den Kindern.

Diese nicht vorhandene Möglichkeit, sich selbst ein Bild von einem Menschen (laut Scientology »antisoziale Persönlichkeiten« oder auch »Unterdrücker«) machen zu können, wird bei konsequenter Anwendung auf Kinder beinahe zwangsläufig zu einer gefährlichen Ideologie führen. Bei ähnlich gelagerten »Fällen« anderer Gruppierungen, Parteien oder Institutionen wäre der Staat mit hoher Wahrscheinlichkeit aufgefordert, dagegen einzuschreiten.

> »Wenn Sie (...) alle jene antisozialen Persönlichkeiten (...) aussieben würden, und wenn Sie sich dann von ihnen trennen würden, könnten Sie eine große Erleichterung empfinden. Ebenso könnte sowohl sozial als auch wirtschaftlich Erholung eintreten, wenn die Gesellschaft diesen Persönlichkeitstyp als ein krankes Wesen erkennen und ihn isolieren würde, so wie sie jetzt Leute mit Pocken in Quarantäne steckt.«
> (PTS/SP Kurs, zitiert bei Minhoff, Irrgarten der Illusionen, Hamburg 1998, S. 146)

Hubbard schreckte aber auch nicht vor drastischeren Formulierungen zurück, die einmal mehr verdeutlichen, welche Einstellung er seinen Anhängern zu den so genannten »aberrierten« Menschen vermittelte:

> »Hin und wieder haben gewalttätige Männer in diesem oder jenem Land Programme durchgeführt, um die Gesellschaft von solchen Ansteckungsherden zu reinigen. Könige pflegten in alter Zeit Leute zu enthaupten, die ihnen ständig schlechte Nachrichten brachten – eine sehr weise Maßnahme. Aus neuerer Zeit wird von Gomez, dem verstorbenen Diktator von Venezuela, berichtet, er habe als Ansteckungsherd der Lepra im Lande die Bettler erkannt. (…) Gomez ließ *(alle Bettler, d. Verf.)* auf zwei große Flussschiffe laden. Die Flussschiffe fuhren in die Strommitte, die Mannschaft ruderte in kleinen Booten davon und die Schiffe explodierten mit gewaltigem Getöse. Das war das Ende der Lepra in Venezuela. (…) Das Gesetz verbot es dem Preclear, zu den Maßnahmen des Tyrannen oder eines Gomez zu greifen, denn das Gesetz ist in solche Leute *(die nach Scientology als »aberrierte« Personen zu klassifizieren sind, d. Verf.)* völlig vernarrt und verteidigt sie an allen Ecken und Enden, weil es ja auch fast ausschließlich eben diese Leute sind, die sich des Gesetzes bedienen. Der natürliche Impuls des Preclears, den Weg freizuräumen, wurde vereitelt; fassungslos musste er feststellen, dass die notwendige Aktion – nämlich Mord – durch das Vorhandensein von Polizei und Gerichten verhindert wurde. Dies brachte den Preclear dahin, sich von der Gesellschaft und dem Gesetz betrogen zu fühlen.«
>
> (Minhoff, Christoph; Müller, Martina: Scientology. Irrgarten der Illusionen, Berlin 1998, S. 146f.)

Derartige bislang unwidersprochen dem Sektengründer zugeschriebene Aussagen, die Menschen quasi das Leben absprechen, wenn sie dem aktiven Scientologen (Preclear) im Wege sind, in denen Mord als notwendige Aktion angesprochen wird, zeigen den Charakter der Ideologie. Abgesehen davon werden auch gleich staatliche Einrichtungen wie Polizei und Gerichte mit diffamiert und als unfähig dargestellt. Arme Kinder, die mit diesem ideologischen Ansatz aufwachsen müssen! Was kann aus ihnen bei der totalen Verinnerlichung solcher Thesen werden?

Die Scientology-Organisation ist bei den Auseinandersetzungen über die Hubbard-Schriften immer wieder sehr bemüht darzulegen, dass Hubbard aus dem Zusammenhang zitiert wird, dass die eine oder andere drastische Formulierung nicht dazu führen kann, das gesamte Lehrwerk als unmenschlich anzugreifen. Bei anderen Gruppierungen mit ähnlich lautenden Formulierungen, die speziell ein nicht gewünschtes Eingreifen von Polizei und Gericht im Fall einer Gewalttat benennen, ist häufiger zu hören, dass das Schrifttum bereits als Begründung für mindestens verfassungsfeindliches Gedankengut gewertet werden kann.

Zusammenfassend kann aus den gewonnenen Erkenntnissen gefolgert werden, dass Kinder in dieser Organisation eine Kindheit erleben, die sie zu potenziellen Gegnern einer freiheitlich orientierten Grundidee macht.

»Der bei Scientology herrschende Drill, das Menschenbild von Scientology, bei dem es darum geht, eine Art ›Übermenschen‹ heranzuzüchten, die destruktive Einstellung der Familie gegenüber, durch die Kinder vernachlässigt, abgeschoben oder gar abgetrieben werden, lassen nur einen Schluss zu: Das Recht der Kinder auf Leben, auf natürliche Entfaltung, auf angemessene Entwicklung und das Recht auf Bildung werden völlig missachtet.

Das scientologische Menschenbild widerspricht demnach an mehreren Punkten den Grundwerten unserer Gesellschaft. (…) Eine Organisation, die letzten Endes eine neue Herrschaftsclique aus- und heranbilden will, steht mit unserer freiheitlichen demokratischen Grundordnung nicht mehr im Einklang.«

(Eimuth, Kurt-Helmut: Die Sektenkinder, Freiburg 1996, S. 100, S. 110)

Im Zweifel für das Kindeswohl

Über das Aufwachsen von Kindern und deren Rechte gibt es eine internationale Übereinkunft. Alle Staaten, die die UNO-Kinderrechtskonvention ratifiziert haben, haben sich damit auch verpflichtet, dieser Konvention Rechnung zu tragen. Die entsprechenden Gesetze in Deutschland weisen dem Staat eine Wächterfunktion für das Wohlergehen der Kinder zu.

Die UNO-Kinderrechtskonvention stellt schon in ihrer Präambel klar, worum es geht. Kinder sollen danach zur vollen und harmonischen Entfaltung ihrer Persönlichkeit in einer Familie und – nach meiner Auffassung – umgeben von Glück, Liebe und Verständnis aufwachsen. Außerdem wird bereits bei diesen einleitenden Aussagen großes Gewicht darauf gelegt, dass Kinder auf ein individuelles Leben in der Gesellschaft vorbereitet und im Geist des in der Charta der Vereinten Nationen verkündeten Ideals, insbesondere im Geist des Friedens, der Würde, der Toleranz, der Freiheit, der Gleichheit und Solidarität, erzogen werden. Im Artikel 19 dieser Kinderrechtskonvention wird es dann sehr konkret. Dort heißt es unter anderem, dass die Vertragsstaaten alle geeigneten Gesetzgebungs-, Verwaltungs-, Sozial- und Bildungsmaßnahmen treffen sollen, um Kinder vor jeder Form körperlicher oder geistiger Gewaltanwendung zu schützen. Außerdem soll der Schutz sich auch auf Verwahrlosung oder Vernachlässigung, schlechte Behandlung oder Ausbeutung erstrecken. Eigentlich doch klare Vorgaben zum Schutz der Kinder und der unmissverständliche Auftrag an den Staat, tätig zu werden, wenn entsprechende Auffälligkeiten der genannten Art auftreten.

Wer sich mit der Organisation Scientology beschäftigt oder in irgendeiner Form selbst betroffen ist, erkennt schnell, dass die Hubbard'sche Haltung zu Kindern in mehreren Aussagen nicht kompatibel mit den Vorgaben der Vereinten Nationen zum Kindeswohl ist. Maßgeblich sind Wertvorstellungen, die von einer offenen Geisteshaltung und damit einer offenen Gesellschaft ausgehen. Eine eigenständige Persönlichkeit soll gefördert werden, gerade in der Auseinandersetzung mit Positionen, und damit auch die Möglichkeit der Lebensgestaltung.

Kinder in der scientologischen Welt jedoch wachsen mit grundlegend anderen Vorstellungen auf. Diese sind zudem nicht diskutierbar und in Frage zu stellen. Die zu verinnerlichenden Inhalte mit der Vorgabe, störende Elemente zu finden und als »feindlich« zu betrachten, widersprechen geradezu den anzustrebenden Zielen der Konvention der Vereinten Nationen. Die Polarisierung im Gedankengut kann als radikal bezeichnet werden, wenn die Kinder in dem Bewusstsein aufwachsen, es gäbe in dieser Welt nur Elemente, die sich der eigentlichen Wahrheit entgegenstellen oder sie nicht als den entscheidenden Weg zum glücklichen Leben miteinander anerkennen. Wer damit aufwächst, dass es immer und überall so genannte »potenzielle Schwierigkeitsquellen« und »Unterdrücker« gibt, der wird nur schwer unvoreingenommen auf Menschen zugehen können. Bereits im engsten Umfeld, der Familie, können diese Gegner oder gar Feinde zu finden sein. Das wiederum hat mit dem Ziel der Förderung der vertrauensvollen Erziehung im familiären Bereich nichts mehr zu tun. Spätestens bei der Erklärung zum »Unterdrücker der Scientology-Organisation« des Vaters oder der Mutter ist der Einschnitt massiv. Denn die Kontakte zwischen scientologischer und nicht-scientologischer Welt sind nicht erwünscht und zu unterbinden. Berichte über solche Schicksale gibt es immer wieder und weltweit.

Die Lebenswelt der in Scientology hineingeborenen Kinder ist von strenger Hierarchie und Kontrolle des eigenen Verhaltens und des Verhaltens anderer geprägt. Zu schreibende »Wissensberichte« und der im Zweifel immer gegenwärtige »Ethik-Offizier« fördern ein wachsendes Misstrauen im Zusammenleben mit anderen Menschen.

Das Leben nach Statistiken im eigenen Bereich und für die Organisation gibt dem Ganzen einen weiteren, nicht kindgerechten Charakter. Nach der Lehre, der so genannten »LRH Technologie« für alle Bereiche (Managementtechnologie, Studiertechnologie …), gelten nur die Leistungen als akzeptabel, die dazu führen, dass Kurven der anzulegenden Erfolgs-Statistiken nach oben zeigen. Rücksicht auf andere, vielleicht schwächere Personen, kann bei dieser klar ökonomisch fixierten Ausrichtung keinen Raum bei der Erziehung finden. Per Kursabschluss und Statistik wird der menschliche Wert gemessen, worüber dann innerhalb der Organisation Aufwertung oder Missachtung ausgesprochen werden. Wer lernt, dass es Anerkennung – nicht gleichzusetzen mit emotionaler Zuwendung – nur dann gibt, wenn man bewiesen hat, dass man andere Personen beherrscht und »handhabt«, damit sie nicht zu Schwierigkeitsquellen werden, hat mit großer Wahrscheinlichkeit auch bei einem Ausstieg Probleme, sich anderen Menschen zuzuwenden. Der scientologische Mensch hat im System zu funktionieren. Dieses wird von außen häufig als schematisches Verhalten wahrgenommen und lässt sich nicht so leicht ablegen:

»(…) Eine ›normale Entwicklung‹, eine Kindheit und Adoleszenz, die sich mit der Entwicklung anderer Kinder vergleichen lässt, ist unter den Bedingungen, wie sie von Scientology postuliert werden, nicht möglich. Sie führt vielmehr dazu, dass die Eltern als natürliche Über-Ich-Instanzen nicht zur Verfügung stehen, dass das Kind in die Rolle des Außenseiters gerät, dass es sich nicht an dem in unserer Gesellschaft üblichen Sozialisationsprozess, d.h. dem Prozess des Verinnerlichens unseres gesellschaftlichen Werte- und Normensystems orientieren darf (…)«

(http://www.ilsehruby.at/Kinderauditing.html)

Obwohl inzwischen verschiedene Versuche auch vor Familiengerichten unternommen wurden, scientologische Kinder aus dem Umfeld und der Beeinflussung durch die Organisation und der überzeugten Eltern oder Elternteile zu lösen, ist das bisher so gut wie nie gelungen. Und zwar gleich, ob der ausgestiegene Elternteil nun um seine Kinder kämpft oder andere Verwandte – häufig genug vergeblich – versuchen, zumindest dem zuständigen Jugendamt die Problematik der Kinder oder des Kindes deutlich zu machen. Auch der Rest der scientologischen Familie und häufig genug die Kinder selbst, erzogen und gedrillt darauf, dass die Außenwelt nur Böses vorhat, machen die Vorhaben in den meisten Fällen schon von Anfang an zunichte.

»Im Zweifel für das Kindeswohl« heißt für die Verantwortlichen in Jugendämtern und zuständigen Gerichten, zur Kenntnis zu nehmen, dass Kinder geschützt werden müssen, vor der »Erziehung« in der Scientology-Organisation und vor den scientologisch funktionierenden Erziehungsberechtigten. Denn diese Erziehung entspricht nicht einmal vom Ansatz her den Leitlinien der UNO-Kinderrechtskonvention.

Wer auch immer über Aufenthalts- und Bestimmungsrecht für scientologisch erzogene Kinder in diesem Land zu entscheiden hat, sollte über folgendes Zitat nachdenken:

»Wenn Sie den Unterschied zwischen einer Gruppe tobender Kinder und psychisch gestörter Menschen erklären können, gebe ich Ihnen eine Medaille/einen Orden.«
(If you can tell the difference between a lot of little kids you run into, and psychos, I'll give you a medal.)

(Hubbard, Lafayette Ronald: Professional Auditor's Bulletin Nr. 119 »The Big Auditing Problem«, 1.9.1958)

Und was aus dieser Qualifizierung des Gründers der Organisation folgt, ist ebenso dokumentiert:

»Der Terror gegen Menschen bei Scientology wird auf allen Ebenen geschickt verschleiert, natürlich auch dort, wo es um Kinder geht. Eine ausgeklügelte Werbestrategie, verpackt in schön und erhaben klingenden Worten vom Frieden, von der Freiheit und vom großen Glück, verdeckt geschickt, was man Menschen antut. ›Kinder sind keine Hunde, die man abrichtet‹, tönt Hubbard großspurig. Doch was hat das schon für eine Bedeutung, wenn es bei Scientology keine Kinder gibt. Es gibt nur Thetane mit großen und kleinen Körpermaschinen.«

(Kemming, Sabine; Potthoff, Norbert: Scientology-Schicksale. Eine Organisation wird zum Störfall. Erfahrungsberichte, Bergisch-Gladbach 1998, S. 148)

Hoffen und kämpfen wir also gemeinsam für eine Zukunft mit wohl durchdachten Entscheidungen: »Im Zweifel für das Kindeswohl«!

Literatur

Church of Scientology International (Hrsg.): Die Führungskanäle der Scientology, Clearwater 1988

Eimuth, Kurt-Helmut: Die Sektenkinder, Freiburg 1996

Handl, Wilfried: Scientology: Wahn und Wirklichkeit. 28 Jahre in einer Psychosekte, Wien 2005

Hubbard-Kommunikationsbüro (Hrsg.): Bulletin für professionelle Auditoren, East Grinstead 1956

Hubbard-Kommunikationsbüro (Hrsg.): Bulletin vom 20. Dezember 1958, East Grinstead 1958

Hubbard-Kommunikationsbüro (Hrsg.): Bulletin vom 12. April 1983. Die Funktionsfähigkeit der Scientology erhalten. Was wir von einem Scientologen erwarten, East Grinstead 1983

Hubbard-Kommunikationsbüro (Hrsg.): Bulletin vom 4. Dezember 1985, East Grinstead 1985

Hubbard-Kommunikationsbüro (Hrsg.): Zwei Arten von Menschen. Informationsbrief, East Grinstead 2001

Hubbard, Lafayette Ronald: Forschung und Entdeckung Serie. Band 1, Kopenhagen 1954

Hubbard, Lafayette Ronald: Professional Auditor's Bulletin No 119. The Big Auditing Problem, East Grinstead 1958

Hubbard, Lafayette Ronald: Techniken für Kinder-Prozessing. In: Ability, Ausgabe 110, East Grinstead 1959

Hubbard, Lafayette Ronald: Techniken für Kinder-Prozessing, In: Einführungs- und Demonstrationsprozesse, Kopenhagen 1984

Hubbard, Lafayette Ronald: Kinder-Dianetik, Kopenhagen 1983

Hubbard, Lafayette Ronald: Die Reinigungsrundown-Serie, Kopenhagen 1987

Hubbard, Lafayette Ronald: Haben Sie vor diesem Leben gelebt?, Kopenhagen 1993

Hubbard, Lafayette Ronald: Das Scientology Handbuch, Kopenhagen 1994

Hubbard, Lafayette Ronald: Scientology – Eine neue Sicht des Lebens, Kopenhagen 1996

Hubbard, Lafayette Ronald: Was ist Scientology?, Kopenhagen 1998

Kemming, Sabine; Potthoff, Norbert: Scientology-Schicksale. Eine Organisation wird zum Störfall. Erfahrungsberichte, Bergisch-Gladbach 1998

Lafayette Ron Hubbard Library (Hrsg.): Ron, der Philosoph, 1996

Landesamt für Verfassungsschutz Hamburg (Hrsg.): Der Geheimdienst der Scientology-Organisation, Hamburg 1997

Minhoff, Christoph; Müller Martina: Scientology. Irrgarten der Illusionen, Berlin 1998

Morton, Andrew: Tom Cruise. Der Star und die Scientology-Verschwörung, München 2008

Internetquellen

http://www.sischule.com

http://www2.stmi.bayern.de/infothek/scientology/pdf/
kybernetisch_org_manage.pdf

http://fhh.hamburg.de/stadt/Aktuell/behoerden/inneres/
arbeitsgruppe-scientology/publikationen/gehirnwaesche-
pdf,property=source.pdf

http://fhh.hamburg.de/stadt/Aktuell/behoerden/inneres/
landesamt-fuer-verfassungsschutz/publikationen/pdf-biblio-
thek/scientology-organisation-pdf,property=source.pdf

http://www.ilsehruby.at/YolandaHowellgerman.html

http://www.ilsehruby.at/Kinderauditing.html

http://www.ingo-heinemann.de/Scientology-Kinder.htm

http://www.verfassungsschutz-bw.de/so/start_so.htm

Von **Macht und Misstrauen** in der Kurie

Hermann Häring wagt einen ebenso schonungslosen wie kenntnisreichen Blick hinter die Kulissen eines Mysteriums namens Vatikan. Ihm offenbart sich eine Kirchenleitung, die sich von Krisenangst schütteln lässt, statt darauf zu setzen, was ihr größter Trumpf ist: eine vitale Kirche mit einer starken Basis.

Hermann Häring
IM NAMEN DES HERRN
Wohin der Papst die Kirche führt
Mit einem Vorwort von Hans Küng
2. Auflage / 192 Seiten
gebunden mit Schutzumschlag
ISBN 978-3-579-06493-2

GÜTERSLOHER VERLAGSHAUS

www.gtvh.de